"Joe es uno de los managers más apasionados que conozco. Conoce todos los aspectos de la industria y pelea con gran tenacidad por lograr oportunidades para su talento. Si una personalidad así se toma el tiempo de escribir esta guía, más les vale a los actores, y más a los emergentes, tomarse el tiempo de leer, aunque solo sea para contagiarse de esa fuerza imparable que tiene Joe y que es fundamental para hacer un camino largo y bien trazado en esta industria".

Anilú Pardo
Directora Motin Casting

"Joe Bonilla es un experimentado capitán del océano artístico. Ha sabido abrir camino, y trazar rutas infalibles. Este libro nos comparte estos mapas, logrados con años de trabajo, y se convierte en la brújula que todo talento necesita para navegar las aguas complicadas del entretenimiento para llegar al destino esperado: las tierras del éxito".

Leo Zimbrón
Productor de cine y televisión

"Joe siempre sabe qué decir, tiene un don para escoger talento. En los años que tengo de conocerlo siempre me ha enviado propuestas aterrizadas que me han funcionado".

Érica Sánchez
Productora, Lemonfilms

"Esto es un recetario de estrellas de la mano de Joe, el chef de talentos con manos de magia".

Natalia Téllez
Conductora y actriz

"Disfruta los secretos y estrategias de Joe para que veas cómo logró llegar a donde está".

Memo del Bosque
Productor y director, Televisa

#JOEQUIEROSERARTISTA

LAS VERDADES DE
JOE BONILLA

#JOEQUIEROSERARTISTA
Las verdades de Joe Bonilla
© 2021 por Joe Bonilla

ISBN: 978-1-7365821-2-1

Editora de Joe Bonilla: María García

N.E.: El autor se reserva el derecho de utilizar vocabulario y conceptos propios de la industria internacional del entretenimiento incluyendo términos en el idioma inglés, y palabras que reflejan la diversidad etimológica del español en los diferentes países hispanohablantes.

Coordinadora editorial: Ofelia Pérez

Publicado por Página Azul
2071 NW 112 AV Suite 103
Miami, FL 33172
Impreso en los Estados Unidos de América.

CONTENIDO

DEDICATORIA VII

MIS "THANK YOU'S" IX

PRÓLOGO POR ROSELYN SÁNCHEZ XI

INTRODUCCIÓN: ¿Y DICES QUE QUIERES SER ARTISTA?. . XIII

VERDAD #1
NADIE NACE, TODOS SE HACEN. 19

VERDAD #2
VAS A NECESITAR UN MENTOR 33

VERDAD #3
VAS A NECESITAR UN ÍDOLO. 39

VERDAD #4
SIN EQUIPO NO METES GOL: EL MÁNAGER. 49

VERDAD #5
VAS A TENER QUE PRACTICAR *TEAMWORK* CON EL RESTO
DE TU DREAM TEAM 69

VERDAD #6
VAS A NECESITAR TU PROPIA "FAMILIA" 84

VERDAD #7
TU HEADSHOT ES TU PRIMERA BALA. 91

VERDAD #8
TU VERDADERO TRABAJO ES AUDICIONAR 103

VERDAD #9
TU LOOK IMPORTA. ¡PERO NO COMO TÚ CREES! 120

VERDAD #10
VAS A TENER QUE APRENDER A LIDIAR CON TU
AUTOESTIMA Y TU EGO 139

VERDAD #11
TU DEMO REEL TE MATA O TE DA LA VIDA 154

VERDAD #12
TE PAGAN POR ACTUAR Y... POR ESPERAR............ 162

VERDAD #13
TUS REDES SOCIALES SON TU NUEVO JEFE............ 172

VERDAD #14
VAS A TENER QUE APRENDER A AHORRAR 190

JOE'S GYM: PONTE LOS TENIS 205
ACERCA DEL AUTOR................................ 227
COMENTARIOS SOBRE #JOEQUIEROSERARTISTA 231
TRAYECTORIA EN FOTOS 235

DEDICATORIA

A mis padres, Mimi y José, por darme la vida, creer en mí e inspirarme hasta el día de hoy, además de aguantarme. No soy fácil, esa es mi primera verdad en este libro.

Gracias por su ejemplo, entrega y por enseñarme que el amor es a prueba de todo cuando es genuino.

Gracias por esa primera maquinilla de escribir, mi escritorio verde limón para estudiar, mi primera cámara Yashica y ese par de alas fuertes para volar.

Gracias por los regaños, cocotazos y los "No's" cuando me quise pasar de listo.

A mi gran mentor, el fenecido cronista social puertorriqueño Iván Frontera. Un ser humano único, personaje épico y visionario. Gracias por creer en mí antes que nadie en la industria, gracias por regalarme ese primer *tuxedo* y las clases de etiqueta y cortesía.

A los tres dedico este libro porque sin ustedes no habría verdad en mis palabras.

La maquinilla de la farmacia de mis padres, donde escribí mis primeras letras.

MIS "THANK YOU'S"

Gratitud es lo único que siento a la hora de publicar este libro. Gratitud hacia todas esas personas que han estado en mi vida de manera incondicional. A todas les digo: *thank you!* alto, fuerte, desde esta página. Porque la gratitud silenciosa, aunque infinitamente bella, no me sirve en esta ocasión. Hoy quiero y necesito expresarla en grande, con amplia sonrisa y con brazos abiertos.

Gracias a mis papis, Mimi y José, que con sus 64 años de casados me inspiran cada día a creer en el poder del amor.

Gracias a mi hermana Ivelisse, *"the wind beneath my wings"*.

Gracias a todos esos seres humanos que depositaron su confianza en mí para apoyarme en mi sueño, a mis maestros, mentores y compañeros de clases.

Gracias a los amigos que Dios ha puesto en mi camino en todas las latitudes desde que salí de mi natal Puerto Rico. Desde Miami y España hasta Argentina, Colombia o México, mi segunda patria. Mis adorados Memo y Vica, Abe y Lala, Juan, Crista y Marce. Mis inseparables Fabricio Banda y Gustavo Matta, mis hermanos Melvin y Soliana, Josema, Gloria Serna y Carlos Galán. Mi cómplice de cenas enriquecedoras y conversaciones deliciosas, Carla Estrada. Al Niño Prodigio por presentarme a María, y a María García por ser mi alma gemela para ayudarme a escribir mis *Verdades*. Infinitas gracias a Xavier Cornejo por creer en mí, inspirarme y ayudarme a poner en tinta y papel este sueño anhelado que ya no es solo mío, sino de todos los que lo lean.

Todos y cada uno de ustedes me hacen olvidar lo que he sacrificado, para hacerme recordar lo que he recibido a cambio. Todos ustedes son mi gran verdad.

Mi familia es mi brújula.

JOE, EL CAZATALENTOS

Joe Bonilla es sin duda sinónimo de pasión, buen ojo, creatividad, honestidad cruda y *expertise* en todo lo relacionado a este loco y adictivo mundo del entretenimiento.

Durante mis muchos años de relación profesional con Joe he aprendido a mirar y admirar su trabajo incansable para lograr que sus talentos alcancen su máxima expresión. Sin duda un trabajo difícil, ya que el ser soñador y el ser que guía y abre puertas usualmente tienen dos sensibilidades muy distintas.

A MI ENTENDER HAY TRES CLASES DE ARTISTA:

- El que desde su nacimiento le corre la vena de histrión y sabe que el escenario es su vocación.
- El que alguna experiencia de vida en juventud o de adulto le motiva a buscar la atención de la gente.
- El que por golpe de suerte consigue una oportunidad que lo mete en la industria y potencialmente le cambia la vida.

¡Joe ha trabajado con los tres! Y es que su ojo no falla. Es un experto en cazar talentos. Donde apunta y apuesta, gana.

Este libro de verdades, consejos y anécdotas se convertirá en una lectura perfecta para todo soñador. El vocabulario del tema (muy bien usado) junto al vocabulario común es una mezcla genial. Las verdades del mundo del espectáculo, finamente esbozadas, son un gran *plus*. Su autoridad en lo que cuenta es indiscutible; soy testigo. Ayuda mucho que tiene una entretenidísima narrativa.

El libro demuestra que se puede hacer historia de la industria del entretenimiento sin ofender y con la verdad. En fin, es el libro que todo actor novato o ilusionado debe leer.

Y a ti, mi Joe, ¡te quiero!
—**Roselyn Sánchez**

Una estrella se debe a su público y Roselyn lo sabe.

INTRODUCCIÓN
¿Y DICES QUE QUIERES SER ARTISTA?

"Un actor debe trabajar toda su vida, cultivar su mente, desarrollar su talento sistemáticamente, ampliar su personalidad. Nunca debe desesperar ni olvidar este propósito fundamental: amar su arte con todas sus fuerzas y amarlo sin egoísmo".

—CONSTANTIN STANISLAVSKI

"¿Y por qué pones una pregunta tan ridícula nada más para empezar en la Introducción?", me dijo un amigo que ya es actor consagrado. "Obvio que queremos ser artistas, ¿no nos ves?". A eso yo respondo: "Todos y todas dicen que quieren cantar, actuar y bailar zapateado o lo que les echen. Todos y todas dicen sí, yo quiero, sí, yo deseo". Pero después de años de recopilar estadísticas personales en mi entorno profesional, puedo afirmar que el 80% de aquellos que dicen que quieren ser artistas lo dicen de la boca para afuera.

Cuando me siento con ellos y les platico cómo está la cosa, lo que van a tener que sacrificar, por lo que van a tener que luchar, lo que van a tener que enfrentar, lo que los demás van a esperar de ellos, simplemente se levantan y se van. No entienden el concepto. Adiós, muy buenas tardes, *chao*. Y se convierten en grandes productores, vendedores, *realtors*, empresarios, políticos, se dedican a los negocios familiares o terminan la carrera de magisterio y son felices. Porque deseaban dedicarse al arte, mas no querían pagar el precio. Era un deseo, como esos que se piden al apagar las velas del pastel; deseos bonitos, bien intencionados, pero que no cuajan ni te quitan el sueño.

Decir que quieres ser artista y "querer" ser artista son dos cosas muy diferentes. Por eso decidí plantear esta primera gran verdad nada más empezar estas páginas. Suena retador y hasta puede parecer medio altanero, sin embargo, es la neta, la puritita verdad: si dices que quieres entrarle a la actuación (que es en lo que me voy a centrar en estas páginas), vas a tener que escuchar la cruda verdad. Yo te lo voy a contar "pa' que tú lo sepas", como dicen mis compas boricuas. O, como te dirían en México: "para que después no digas que no te lo dije".

En ningún momento quiero que pienses que mi tono directo y sin rodeos es para desanimarte, ni que intento ser negativo. Simplemente quise sentarme a escribir gran parte de lo que he aprendido y acumulado en años de arduo trabajo para ahorrarte a ti (y a tu familia y amigos) un par de disgustos, sorpresas amargas, pérdidas de tiempo, dinero y esfuerzo. Yo sé que entre la nueva generación y con todo el rollo de las redes sociales se lleva mucho eso de "no me juzgues", "no seas negativo" o "solo buenas vibras y déjame soñar". Mas yo, que soy *old school* y crecí en aquellos años en los que había que meter monedas en el teléfono público para llamar, prefiero decirte las cosas tal como son. Para endulzarte el oído están la familia, tu novi@, y hasta tus cuates.

Yo he aprendido a ganarme la vida haciendo realidad los sueños de otros, pero para lograrlo, en ocasiones tengo que romperles su burbuja, hablarles con la verdad y bajarlos al planeta Tierra, porque en el aire no se firman contratos ni se graban películas. En varias publicaciones me denominaron **"Joe Bonilla, el *Starmaker*"**, a lo que yo añado: "OK, tal vez yo, con mi trabajo diario colaboro a forjar estrellas, pero desde luego no lo hago en las nubes; yo planto esas estrellas en suelo firme para que no se las lleve el viento". De ahí que te tenga que hablar a ti, a mis talentos, a mis socios o colegas con mi acostumbrado nivel de sinceridad. Llámame anticuado si gustas, pero hay algunas cosas que jamás pasan de moda. La honestidad es una de ellas.

Por todo esto, yo te invito a que te sientes y que leas hasta el final mis verdades. Al terminar estas páginas, encontrarás algunos consejos y para que puedas practicar lo aprendido te regalaré membresía ilimitada a lo que yo llamo *Joe's Gym*, un espacio donde te propondré ejercicios para mover esos músculos que te fortalezcan en tu decisión de entrarle a batear con las dos manos a esta liga de campeones. Al final de mi pequeño gimnasio dedicado a cada verdad, te dejaré un par de páginas totalmente en blanco en las que te invito a *write it down,* a anotar tus pensamientos, conclusiones o ejercicios que te propongo. Luego, una vez completes *cada workout* en mi gimnasio y revises tus notas, tú sola o solo, frente al espejo, vas a tener que plantearte en voz alta la pregunta con la que abro el juego: ¿y dices que quieres ser artista?

Si la respuesta es no, dame las gracias por lo que te ahorré, toma estos *tips* y verdades y úsalos en tu diario vivir, porque mucho de lo que aquí te cuento aplica para todos los aspectos de tu vida y para cualquier otra industria. **Si la respuesta es** *"sí, Joe, quiero ser artista"*, entonces te quiero dar la más cordial bienvenida al *show biz*, al mundo del entretenimiento que yo elegí mi mundo desde que me colgué la cámara al pecho como periodista por primera vez, recién cumplidos mis dieciséis.

Vengo de Puerto Rico, donde el que no canta, baila. Crecí salpicado de novelas, películas y *glamur* musical de casta. Rock, salsa, balada, y aunque no me dejaron ser Menudo, juro que me sentía como John Travolta. El entretenimiento y el arte se convirtieron de manera totalmente orgánica en mi mundo, mi vida, mi hogar y mi familia más allá de mi familia de sangre. Esta industria que es tan difícil como gratificante, tan deseada como complicada, es y seguirá siendo mi vocación; la pasión que me hizo emigrar de mi isla para viajar por el mundo y vivir en imponentes destinos como Buenos Aires, Los Ángeles, Miami o México. Y hoy quiero ver si será también la tuya y si nuestras vidas se cruzarán en algún *set, casting*, alfombra roja, lectura de guiones, Zoom o entrevista de televisión.

La única manera de saberlo va a ser leyendo hasta el final y respondiendo a esta pregunta que de seguro cambiará tu vida: ¿de veras que quieres? Ojalá me respondas: sí, **#Joequieroserartista.**

(No olvides entrar en mis redes y dejar tu respuesta y comentarios; incluye estas etiquetas para que te pueda leer: #Joetedigo #VerdadesdeJoe #Joequieroserartista Prometo contestarte)

Correr, viajar, estar en movimiento define mi profesión. Lugar: Desfile Puertorriqueño de Nueva York.

VERDAD #1
NADIE NACE, TODOS SE HACEN

"El actor no nace. Se hace en la fragua de
la pasión por el estudio. Para actuar es
necesario reaprender a jugar en libertad
como cuando se era pequeño".

—EUGENIO COBO
Director CEA Televisa

VERDAD #1
NADIE NACE, TODOS SE HACEN

"Somos el resultado de lo que hacemos repetidamente. La excelencia entonces no es un acto, sino un hábito".

—ARISTÓTELES

En estos días, cuando escucho una canción de la talentosa Shakira en el gimnasio o en la radio mientras voy manejando, no puedo evitar pensar en la eterna pregunta: ¿un artista nace o se hace? Shakira, y el tiempo que pasé trabajando a su lado, me recuerdan cuál es la respuesta acertada.

Shakira sin duda es una niña genio, virtuosa y adelantada en todo, que difícilmente hubiera alcanzado a llegar a los cuernos de la luna sin el impulso, dedicación y entrega de sus padres y de ella misma por pulir sus habilidades. Shakira es una gran alumna de la vida, estudiosa como pocas y mega autodidacta. ¡Cómo olvidar su famoso salto a la música en inglés! En esos años yo trabajaba con Emilio Estefan y recuerdo que su primera canción fue traducida por Gloria, una excelente madrina, pionera del *crossover* y del Pop Latino internacional. Al siguiente día de trabajar con Gloria, Shakira se puso las pilas, consiguió un diccionario español/inglés y empezó a traducir sus propias canciones a su manera.

Shakira tenía hambre, sed y una meta clara; sabía que solo con talento no iba a llegar a donde aspiraba llegar. Si quería jugar en las grandes ligas debía estudiar. Debía "hacerse", porque ya había nacido talentosa, como talentosas nacen otros miles de millones de niñas. La diferencia fue que Shakira se "hizo" a sí misma y se sigue haciendo cada día, aprendiendo portugués, nuevas técnicas de composición, tocando un nuevo instrumento o practicando un nuevo deporte o paso de baile. Shakira es la eterna estudiante. ¿Sabías que hasta pasó una temporada asistiendo a clases en UCLA (Universidad de California en Los Ángeles) cuando ya era archi-rete-famosa?

LA ETERNA PREGUNTA

A pesar de que a diario vemos historias como la de Shakira, en la que sus protagonistas de éxito se esfuerzan y trabajan duro, siempre terminamos con la pregunta que mencioné antes: ¿un artista nace o se hace? A lo que yo te respondo: **un verdadero artista se hace y lamento informarte que nadie nace enseñado.** Por supuesto que el talento (don de nacimiento) cuenta y de él dependerá qué tan rápido puedas ascender. Pero para mantenerte arriba, el talento solo no te va a obrar el milagro. Vas a tener que aprender a manejarlo y vas a tener que adquirir más herramientas y desarrollar otras habilidades y recursos con los que tal vez no tuviste la fortuna de nacer. Vas a tener que trabajar para ser lo que yo llamo un 360. Y deja que te diga que un 360 no nace. Un 360 se hace con sudor y esfuerzo.

El *dream team* en Miami con Shakira. De izquierda a derecha, Annie González, de Sony Music; yo; Emilio Estefan, Jr.; y el peluquero colombiano Marco Peña.

EL ARTISTA 360

Barbra Streisand dijo una vez que siempre la han llamado obsesiva y difícil, y que posiblemente lo es, porque se requiere de obsesión para destacar en este gremio tan superlativo en el que ser bueno no basta; hay que ser el mejor. Por muy talentoso o talentosa que seas de nacimiento, vas a tener que perfeccionar aquel don que Dios te dio y trabajar aquellos otros que no te otorgó. Si no, siéntate a escuchar los primeros discos de la legendaria

"Barbra" y luego pon su álbum *Guilty*, y verás lo que te digo: el talento siempre estuvo ahí, pero más sabe el "genio" por viejo... Y viejo te haces, no naces.

Barbra, aunque sea una representante de generaciones pasadas, es el mejor ejemplo que te puedo dar de lo que en el medio llamamos artista 360. Es el actor o actriz que todo mánager busca y que sabe que puede ser un caballo ganador en esta carrera del cine y la televisión. Es nuestra gallina de los huevos de oro. Un niño o niña que sepa actuar, cantar, bailar, tocar algún instrumento, que sea atlético, que sepa algo de comedia, un poco de montar a caballo y un poco de todo.

Un artista 360 no tiene que ser el mejor cantante ni la bailarina número uno del *American Ballet Theater*. Simplemente tiene que ser "todólogo", o "todóloga", así como Hugh Jackman: ni canta mejor que nadie, ni baila mejor que nadie, y aunque es excelente actor, tampoco es el más premiado. Pero cuando lo contratan para cualquier proyecto, saben que se llevan el premio mayor porque este hombre dirige o produce mientras salta de un tercer piso, hace cuatro llaves de judo, te pilotea un helicóptero y luego te baila *tap dance* a la vez que te tararea una de Frank Sinatra. ¡Es una máquina! Te aseguro que no es el mejor piloto ni comediante, pero si le das un par de días, aprende a conducir un auto de carreras o a contar el mejor chiste para lucirse en los Oscar.

Entre las mujeres, mi todóloga favorita es Roselyn Sánchez, no por la relación laboral que nos une, sino por el verdadero valor tridimensional que posee. Esta mujer baila desde salsa hasta ballet, canta de verdad, es atlética y delicada a la vez, sabe presentar espectáculos de gala, desenfunda una pistola o da patadas de karate; y si le das un manual te desmonta el motor del carro, te arregla una tubería o te aprende chino. Por eso Roselyn saca adelante cualquier papel que le echen, desde ruda policía a mamacita sexy y picarona.

No todas mis experiencias han sido así de 360 con mis artistas. Hace un par de años me pidieron que uno de los actores a quien yo representaba manejara un auto de marchas; la vergüenza que pasé cuando le tuve que decir al productor que mi artista no sabía y que la noche anterior le ofrecí enseñarle y me respondió: "que la producción contrate a un extra que maneje por mí". "Creo que estás fuera", le respondí. Efectivamente, el productor se desesperó y nos mandó a volar a él y a mí.

Piensa en este 360 y cómo te puedes aproximar a ese número, aunque no llegues a él. Tal vez ahora eres un actor de 90 grados porque ya cantas medianamente bien; si le echas ganas y te preparas y aprendes a bailar, todavía puedes convertirte en un artista de 180 grados. Con el paso de los años, puedes llegar a la vuelta completa, a ese personaje 3D que todos admiramos. Por ejemplo, Eugenio Derbez, genio total y polifacético a morir, rey de la reinvención, un artista con letras mayúsculas. Lin-Manuel Miranda, orgullo *niuyorican* para el mundo. No solo se convirtió en el rey de Broadway con *In the Heights* y *Hamilton*, Miranda es compositor, letrista, actor, cantante, dramaturgo y productor. Si me paro a pensar, Lin-Manuel es mucho más que 360; es un artista con corazón y la sangre de su patria corre por sus venas.

Insisto: no te pido que seas el mejor en todo; simplemente te propongo que no dejes para el último minuto el tema de aprender, de tomar clases, de leer o de prepararte. Solo te pido que cuando te llegue la oportunidad estés *ready*, que a tu talento le sumes el esfuerzo. Que cuando llegues al *set* vean que al menos tienes un poco de idea de cómo subirte al caballo, cómo ponerte unos esquís, freír un huevo, coser una herida o agarrar un bisturí en una sala de operaciones. Créeme que hasta lo más sencillo te va a funcionar para delinear y dar vida a tus personajes, para preparar un *casting* o para destacar y no ser parte del montón.

NO APTO PARA HUEVONES NI HUEVONAS

Hablando de freír huevos, esta carrera no es apta para huevones ni huevonas (haraganes). Siempre piensa que allá afuera hay artistas mucho más altos que tú, más listos que tú, que nadan mejor que tú y cantan mejor que tú. Entre esta muchedumbre de gente brillante, al final lo que cuenta es lo que estás dispuesto a dar. En este negocio brilla el que más ganas le echa a la hora de prepararse. Si se te pone fama de que no sabes ni bailar el *vals* en un quinceañero, pocos directores de *casting* te van a llamar. Si pones peros y excusas, como mi actor que no manejaba carro con marchas, el que se "marcha" eres tú. La ventana de tu oportunidad se va a cerrar y abrirla de nuevo te será cada vez más complicado. Por eso, pregúntate ahora mismo: ¿a qué grupo pertenezco? ¿Al de los huevones o de los chambeadores? ¿Al de los aventados e inquietos que no le temen a probar cosas nuevas o a los desguazados que quieren todo en charola de plata?

EL ALUMNO DE LA VIDA

Para mí, talento significa ser buen estudiante. Un buen alumno de la vida es el más talentoso. Tu verdadero talento dependerá de la facilidad que tengas para absorber en un instante las lecciones que vas a encontrar en tu camino. Observando y mimetizándote con el chofer de Uber, tu peluquer@, el zapatero o el indigente que muchas veces pasamos inadvertido.

Es cierto que existe un pequeño grupo de privilegiados, un número muy limitado de seres, que cuentan con eso que llamamos talento innato y que apenas tienen que trabajar para brillar. Artistas que pareciera que ya tocaban el piano en el vientre materno o que nacieron bailando jazz. ¡Quién sabe! Si te sirve de consuelo, el resto del 99.9% de la población tenemos que trabajar duro y maduro para alcanzar cierto nivel en cualquier disciplina. Seguro que muchos nacieron con el oído, el sentido del ritmo, pero esas piernas que ves en los bailarines no se estiran solitas y esos arabescos no quedan perfectos a menos que los repitan mil veces como Natalie Portman en Black Swan.

Mucho se ha debatido sobre los actores que improvisan, que parecen no ensayar nunca o que no necesitan tomar clases. Esos que llegan al *set*, se lucen en la primera toma y dejan a todos con la boca abierta. Cuentan que uno de estos privilegiados es Johnny Depp. La noticia aquí es que, hasta Mr. Depp tuvo que pasar por sus años de aprendizaje, porque nadie nace sabiendo cómo comportarse ante un director, ante una cámara, cómo seguir instrucciones y cómo descifrar todo ese lenguaje técnico que te van a exigir desde el instante en el que te pongas en tu marca y oigas la famosa expresión: *and rolling!*

EL ETERNO ESTUDIANTE

¿Que tú quieres ser actor? Entonces, bienvenido y bienvenida a la profesión donde vas a estar de exámenes finales para el resto de tu vida. A mí, los artistas, aunque tengan 60 años, me recuerdan a los universitarios: siempre corriendo de clase en clase, siempre cargando notas, guiones, apuntes. Siempre con un *deadline* al día siguiente en el que tienen que haber memorizado un texto o aprendido a disparar con una pistola, correr en *skateboard* o preparar un mojito.

No conozco a ningún artista que no esté estudiando algo en este momento: yoga, idiomas, esgrima, pintura, piano o *pole dance* en el medio de su sala. No conozco a ningún actor "verdadero" que, con pandemia o sin ella, te diga que hoy no tiene nada que hacer con su tiempo, nada que aprender. Los que de veras valoran la carrera, están inquietos, buscándole por todos lados y tratando de crecer en diversas áreas. Esa es su vocación: la de eterno estudiante.

TU MÁSTER CLASS

Afortunadamente, hablando de clases, los tiempos han cambiado a raíz de las cuarentenas y vas a poder acceder a todos los talleres, entrenamientos y lecciones que necesites allá donde te encuentres. Antes tenías que mudarte de ciudad o incluso de país si querías asistir a cursos prestigiosos de actuación. Londres, Canadá, Nueva York, Los Ángeles, España o México... Hoy, sin esperar a mañana, y desde tu teléfono o computadora, puedes acceder a las mejores clases sin salir de tu casa. Métete *online* y busca esos cursos que mejor se adapten a tus necesidades.

En cuanto a la parte financiera, ya no puedes poner esa excusa para desistir en tu empeño. Es cierto que antes tenías que gastar una fortuna para asistir a tal o tal academia. Hoy, por mucho menos dinero, te puedes costear buenos cursos *online* y hasta tomarlos gratis en YouTube.

Sin ir más lejos, la famosa plataforma de *Máster Class* te permite tomar cientos de clases de actuación a precios módicos con los mejores directores, actores, productores y escritores del mundo. Es ahí donde debes meter la mano en el bolsillo e invertir en tu conocimiento, aunque ese mes solo comas atún con agua. Cuando creas que ya lo aprendiste todo, te daré la mala noticia de que tienes que volver a empezar. En el mundo creativo nunca terminas de "hacerte," ni te vas a graduar de tus clases. Como te dije en mi apartado de "el eterno estudiante", hay que seguir *in the making*, como lo hace Enrique Iglesias.

Enrique, luego de triunfar como baladista, se convirtió en el rey del *dance*, luego en pionero del *crossover* a nivel mundial; ahora le entra sin temor y con total dominio a la bachata y hasta al reggaeton. Son océanos musicales muy disímiles que maneja a la perfección sin perder su esencia, siempre en su afán de continuar aprendiendo.

MÉTODOS Y METODOLOGÍA

Hoy día hay muchas escuelas especializadas o maestros particulares que siguen formando a cientos de actores en todo el mundo. Ya sea en español o inglés, abundan los cursos de *casting* para actores, clases de inglés y sus diferentes acentos, talleres para practicar los diferentes acentos en español, y por supuesto, cursos de perfeccionamiento actoral para todos los niveles. Es importante desarrollar la memoria, estudiar dirección y así desarrollar la habilidad de ser dirigidos. La lista de clases relacionadas con el mundo de la actuación es infinita.

Dentro de todo este universo de clases, opciones y caminos vas a tener que elegir tu método de actuación. Te recomiendo que primero estudies un poco de todos para ver cuál te va mejor a ti y qué puedes sacar de cada uno de ellos. Stanislavsky y la psicología del personaje; Strasberg que te lleva un paso más lejos y te pide reemplazar tu propia personalidad por la del personaje; o Grotowski que te desnuda ante la audiencia y te despoja de disfraces, maquillajes y accesorios, para que des forma al personaje con tan solo tu cuerpo. Al final, solo tú vas a poder decidir lo que te funciona y lo que vas a estudiar a fondo como buen alumno o alumna, bien portadita.

SUENA LA CAMPANA

Si todos viviéramos en Nueva York, iríamos a la *New York Film Academy*. Si viviéramos en Londres, nos apuntaríamos a la *Royal Academy of Dramatic Art*. Como no todos tenemos la suerte de residir en Hollywood e ir al *Stella Adler Acting Studio*, te diré que cualquier conservatorio, academia o escuela que ofrezca programas de uno o dos años es suficiente para empezar. Luego, si se te dio bien, si te gustó y si quieres seguir creciendo, empieza a planear tu mudanza a una de esas mecas del entretenimiento y de las artes, como lo hicieron en su momento Gael García Bernal o Eiza González. Sé que te las ingeniarás para asistir a uno de esos prestigiosos centros de actuación, porque lo he visto anteriormente: artistas y aspirantes a artistas de todos los rincones del mundo y todos los niveles económicos llegando a las puertas del *New York Film Academy* y encontrando la beca o el trabajo que les ayude a costear, aunque sea un cursillo de tres meses.

En este frenesí de llegar ante el mejor maestro y a la mejor academia, tengo que hacer una pausa e insistir en mi advertencia: no cometas la locura de gastar todos tus ahorros en un *ticket* de ida a Londres y pagues la colegiatura en la *Royal Academy of Dramatic Art* si nunca le has calado antes a unas clasecitas en tu barrio o en tu ciudad. Puedes ser muy talentoso o talentosa de nacimiento, pero no todos nacimos para asimilar la técnica de un verdadero artista ni para tener la paciencia y la constancia de ser ese "eterno estudiante" del que te hablo.

Para terminar esta primera verdad y pasar a la segunda, solo espero que te lleves esta última frase contigo, y que no te olvides que al final de este libro te espero con el **Joe's Gym** para que empieces a poner en práctica estos conceptos fundamentales:

EL **ACTOR** Y LA **ACTRIZ** SE HACEN Y TE VAS A TENER QUE HACER Y FORJAR CON LAS LECCIONES QUE TE DÉ LA VIDA, **DENTRO** Y **FUERA** DEL SET O DEL SALÓN DE CLASES.

VERDAD #2
VAS A NECESITAR UN MENTOR

"Nadie puede llegar a la cima de su carrera si no está rodeado de gente capacitada; ¡al éxito no se llega solo! Tener referentes que nos inspiren es fundamental. Desde niño aprendí a nunca olvidar mis raíces y a ser fiel a mis creencias. Aprendí a no imitar y a la fecha, a nunca perder tu sentido de agradecimiento que te ayudará a crecer y alcanzar tus sueños".

—EMILIO ESTEFAN, JR.

VERDAD #2
VAS A NECESITAR UN MENTOR

"Los mentores son nuestros guías, ellos ven cosas que nosotros no vemos".

—MARK ZUCKERBERG

Yo soy el fruto del esfuerzo de mis padres, de mis maestros y de tanta otra gente que no dudó en brindarme su apoyo o tenderme una mano cuando lo necesité. Creer que tú eres lo que eres porque eres chingón o chingona es el colmo de la arrogancia. Somos el producto de muchas buenas intenciones y muchas interacciones y regalos de vida desinteresados. Si tuviera que mencionar a tres seres en especial, tres personas a las que les debo gran parte de mis logros de carrera, estos serían Emilio Estefan, Jr., Iván Frontera y Chucho Gallegos. Mis tres mentores, fuente de inspiración.

Mi estimado Iván Frontera me brindó el arte de la diplomacia. Emilio fue la catapulta que lanzó mi autoestima hacia lo más alto. Chucho me dio alas para salirme de Puerto Rico, conquistar nuevos horizontes y consagrarme a nivel internacional.

Si voy en orden cronológico tengo que comenzar con Iván Frontera, el cronista social más importante de Puerto

Rico. Con sus bigotes estilo Dalí y su porte de *Great Gatsby*, Iván me aceptó como su fotógrafo oficial. Con él fui a todos los eventos más importantes de San Juan. Gracias a él conocí a Paloma Picasso, a María Félix y a Oscar de la Renta. Iván me introdujo al mundo de la etiqueta; me enseñó cómo vestir, cómo saludar, cómo presentarme y todo lo referente al lenguaje de la diplomacia. "La mejor palabra es la que no se dice", me corregía si me pasaba de parlanchín.

El siguiente gran maestro y mentor que tuve la suerte de encontrar en mi camino fue Chucho Gallegos, creador y fundador de TVyNovelas México, otro periodista muy respetado. Visionario como ninguno, fue capaz de convencer a todas las grandes estrellas para que le dieran a él las exclusivas. Con Chucho aprendí a relacionarme con los artistas y a reconocer cuál era el ángulo de la historia, el titular que iba a hacer ruido y catapultar al actor o al cantante hacia lo más alto. Al lado de Chucho pude trabajar con José José, Verónica Castro, Lucía Méndez, Laura León, Selena, Marco Antonio Solís y tantos otros con los que continúo manteniendo una bella amistad. Todo gracias a las lecciones de vida que Chucho me obsequió. Con Chucho, sagitariano como yo, sigo en contacto, me escribo mucho con su esposa Paty Alvisua. Chucho fue y será una voz que yo respeto y escucho.

Por último, pero no por ello menos importante para mí crecimiento, le otorgo el importante título de mentor a Emilio Estefan. El ilustre y legendario cubano me brindó su confianza y fue el primero que me contrató cuando me independicé con mi agencia de relaciones públicas. Este músico, productor y empresario, sin darse cuenta, se convirtió en mi ejemplo de vida y superación, junto con su esposa Gloria. De hecho, Gloria y Jon Secada fueron mis primeros clientes cuando fundé mi agencia *RightXposure*.

El Sr. Chucho Gallegos fue el responsable de mi diáspora; mi trampolín a México.

Emilio, con sus consejos y conversaciones, sin duda fue un gran maestro que me enseñó a amainar mi ímpetu y canalizar mi energía de juventud. Con los años, Emilio siguió presente en mi vida como amigo y consultor, y fue quien me motivó a dar el gran paso de probar suerte en Miami, a raíz de la llegada de Shakira a las listas de éxitos. Gracias a Emilio y sus palabras siempre acertadas, orquesté una gran campaña para Carlos Ponce y terminé de integrarme a Estefan Enterprises. Así pude ser parte de ese emocionante *Boom Latino* de finales de los 90, un momento dorado de glamur para la música simplemente irrepetible.

LA SERIEDAD DEL TÍTULO

Estefan, Frontera, Gallegos, en total tres grandes que dejaron su huella en mí y que nunca esperaron nada a cambio más que verme triunfar. Por eso les asigno el preciado título de mentores. Un título que no se regala, así como así.

Un mentor no es un maestro a quien le pagas ni un productor que quieres que te contrate. Un mentor es alguien que, desinteresadamente, y porque cree en ti y en tu capacidad, te escucha, te asesora, te guía, te protege y te juzga duro porque quiere verte prosperar. Es un ser mágico que te permite ver la luz dentro de ti. Un mentor es alguien que te cambia la vida para siempre, un maestro que te sigue a través de los años. Es aquel que te dice la neta y con la misma paciencia te regaña, te corrige y te inspira.

FOREVER

Por supuesto que tu mánager o tu agente puede terminar siendo tu mentor, aunque tengas negocios de por medio con él o ella y estos negocios se terminen. Un mánager-mentor podrá seguirlo siendo incluso después de que terminen contrato. A mí me ha sucedido. A lo largo de mi carrera, he contado con un puñado de artistas, otros mánagers, publirrelacionistas o periodistas, y hasta ejecutivos que trabajaron conmigo o para mí, pero que ya crecieron en sus respectivas profesiones y tomaron su propio rumbo.

Estos antiguos clientes, colegas o hasta *interns* me siguen llamando para saludar, para reír, para compartir penas y éxitos en la total intimidad. El destino nos separó

Iván Frontera (Q.E.P.D.), a la izquierda, me enseñó a respetar y admirar el talento. Lo acompañan Charytín y el barítono Justino Díaz.

laboralmente, pero continúan valorando y buscando mis consejos después de tanto tiempo, y quiero pensar que fui y sigo siendo un mentor en sus vidas. Cada vez que uno de ellos me envía un WhatsApp o me llama directamente, sé que mi papel es escucharlo y que eso jamás va a cambiar, aunque algunos ya estén muy por encima de mí. Porque, **cuando el alumno supera al maestro, es el maestro quien se apunta el verdadero gol.**

Ojalá algún día tú también llegues tan lejos que puedas ser mentor de alguien más y no dejes que todo lo que aprendiste en el camino se quede sin compartir. ¡Sería una terrible pérdida!

VERDAD # 3
VAS A NECESITAR UN ÍDOLO

"Todos tenemos ídolos. Incluso el propio ídolo. Pero no se trata de crear falsos héroes, sino de admirar y, especialmente, estudiar la carrera de aquellos que han sabido llevarla de forma ejemplar y exitosa, aprendiendo de sus aciertos y también de sus errores. Por mucho tiempo, Joe ha estado vinculado a una de esas figuras que han sabido hacerlo bien: Enrique Iglesias".

—JUAN CARLOS ARCINIEGAS
Ancla y periodista de CNN Español

VERDAD #3

VAS A NECESITAR UN ÍDOLO

"Eres el igual a ese ídolo que te dio inspiración".

—JACK KEROUAC

Este capítulo va a dar inicio con los ojos cerrados. Soy así de jodedor (bromista). Me gusta retar al personal, confundir para poner a pensar. Si preguntas a quienes me conocen, te dirán que conmigo no vas a sufrir la monotonía ni la rutina. Esos dos elementos son el veneno mortal de todo artista, entretenedor o creativo. En cuanto sucumbes a la rutina y a lo predecible, se acabó tu arte.

Por eso este capítulo quiero que lo empieces con los ojos cerrados, meditando y respirando, y me contestes a esta pregunta: ¿cuál ha sido o es tu ídolo de toda la vida? Piénsalo bien. Cuando estés seguro o segura de tu respuesta, abre los ojos y continúa leyendo.

El mío... ¡ay, fueron muchos! Desde los reyes de la balada y la salsa (como Héctor Lavoe o Rubén Blades) a los grandes del pop y del rock (como Boy George, Billy Idol, Cindy Lauper o Madonna). Pero, si yo también cierro los ojos fuertemente, una figura comienza a dibujarse en mi siempre ocupada y dispersa mente: John Travolta. Veo su silueta de pantalones acampanados, cuellos de camisa puntiagudos, cabello repeinado para atrás y ese caminar que hoy consideraríamos totalmente cómico y exagerado.

DE TRAVOLTA A ROCKY

Fiebre del sábado noche. Recuerdo que todavía éramos chamacos imberbes el día que estrenaron la legendaria película en San Juan. Era Viernes Santo y yo pensé que esa noche la isla entera iba a arder en llamas de pecado, porque toda la cinta estaba llena de escenas de sexo urbano en los carros, lujuria y drogas, y el protagonista se paseaba en calzoncillos delante de su santa abuela. ¡Jesús de los Cuatro Poderes! A pesar de lo atrevido e irreverente del personaje para la época, todos queríamos ser Tony Manero al ritmo de los Bee Gees. Obviamente, John fue nominado al Oscar por su papel y los Bee Gees vendieron 20 millones de acetatos. Unos pocos años después, estrenaron *Grease* y al mito de Travolta se le sumó el de Olivia Newton-John.

Yo, en mi total admiración por Travolta y sus personajes, me hice comprar mi traje de poliéster, mis zapatacones y una falda con leotardo Danskin para mi hermana. Tras incesantes horas de ensayo en casa, nos presentábamos en cuanto *disco party* que organizaban en el barrio. En plena coreografía, con un movimiento magistral, yo le desataba el nudo de la falda que mi hermana dejaba medio suelto en su cintura para que la vaporosa tela cayera como por accidente. Mi pobre hermana quedaba en leotardo ante la sorpresa y los aplausos del jurado y el público, sediento de dramatismo y exageración. ¡Éramos los reyes de la pista! En una de esas ocasiones, mientras los aplausos resonaban en el improvisado escenario de una de esas fiestecitas de barrio, yo lo supe y me dije: "Gracias, John Travolta, yo voy a trabajar en el mundo del espectáculo". No sabía si terminaría frente a la cámara como mi ídolo o detrás; si bailaría, escribiría o dirigiría. Lo único que me había quedado claro era que yo no sería piloto o doctor como querían don José y doña Mimi. Así de poderoso es un ídolo en nuestras vidas. Así de arrebatador puede ser fijar tus ojos en alguien y decir: "Hey, yo quiero ser como tú".

Antes de la locura de esta fiebre de discoteca travoltera y los fascinantes pasos de baile, hubo otros dos personajes que me marcarían de por vida y que considero mis ídolos hasta el día de hoy. Uno fue Lee Majors, quien me fascinó con su personaje del Hombre Biónico, y el otro Patrick Duffy en su papel de El Hombre de Atlantis. Este último me obsesionó tanto que me apunté a clases de natación. ¿Quién, en su sano juicio, se apunta a clases en una isla en la que todos aprendemos a nadar antes que a caminar? Solo yo, terco, porque quería zambullirme desde lo alto de una alberca olímpica y nadar como lo hacía el Hombre de Atlantis, agitando mi cuerpo como pez, sin mover brazos ni piernas. Mi aventura de sireno terminó rápido, el día en el que en uno de esos movimientos contorsionados me pegué de bruces con la base de la piscina y me astillé un diente. La sangre flotando en el agua me hizo recapacitar y ahí se acabó mi amor por Duffy.

Otro personaje ficticio que terminó siendo fuente de inspiración para mí fue Rocky Balboa. Sin duda alguna nos inspiró a todos a ser boxeadores, pero sí que nos motivó a "pelear por nuestros sueños", a jamás colgar los guantes, a estar enfocados en una meta y a hacer caso a esos personajes que nos pone la vida para encaminar nuestros pasos.

Años después, cuando conocí la historia real del dolor, las necesidades y sacrificios que conllevan nuestras vidas de adultos, admiré aún más a Sylvester Stallone con su maravilloso guión. Me quito el sombrero ante lo que simbolizó Rocky para los que hemos perseguido el sueño americano alrededor de todo el mundo. No negaré que yo, al igual que otros millones de fans, un día me fui a subir las escaleras del Museo de Arte de Philadelphia. Estar ahí fue como recrear la escena de la película con todo y banda sonora, mientras me repetía en voz alta: "Yo puedo, es posible, voy por mi sueño". Esa tarde en Philadelphia, tras décadas desde que viera por primera vez la legendaria película y sus secuelas, yo me creí "Joe Balboa". Y me lo sigo creyendo cada vez que vuelvo a escuchar *Gonna Fly Now* de Bill Conti, el tema principal del filme. El efecto de esta terapia de ídolo es eterno.

Te cuento en detalle mis ídolos de infancia y juventud con sus anécdotas cómicas incluídas para que veas que este asunto de los ídolos puede resultar tan chistoso como profundo y necesario. Porque todos, desde Travolta hasta Rocky, pasando por El Hombre de Atlantis, me ayudaron a ser el hombre que hoy soy. Todos siguen presentes de un modo u otro a la hora de inspirarme, de tomar decisiones, de elegir caminos y opciones. Estos personajes, por inocentes e infantiles que parezcan, me marcaron el camino. Esa es la increíble magia de un ídolo.

Por eso, te pido que no te dé pena ser un poco *groupie* en este capítulo y que elijas a tu ídolo, si es que no lo tienes todavía. Espero que en esos segundos con los ojos cerrados con los que iniciamos este capítulo te hayas acordado de tu Travolta o tu Rocky, tu Wonder Woman o tu Serena Williams, tu Madre Teresa o tu Frida Kahlo, tu Harry Potter o tu Michael Jackson. Porque un ídolo puede estar hecho de sueños o de carne y hueso, ser artista o deportista, cantante o escritor, político o activista. No importa cuál elijas o la razón por la cual lo escogiste. Solo quiero que tengas al menos un ídolo bien identificado, bien definido, y que lo sigas, lo estudies y lo analices hasta convertirlo en verdadera fuente de inspiración que te ayude a saltar obstáculos en los días en los que te sientas perdido y con ganas de abandonar el ring antes del siguiente asalto.

DE JAMES DEAN A DENZEL WASHINGTON

En la época dorada, te garantizo que la mitad de los aspirantes a actores soñaban con ser Marlon Brando o Humphrey Bogart. Las actrices tenían sus ojos puestos en Elizabeth Taylor, Joan Crawford o Grace Kelly. Luego llegaron Al Pacino, Robert De Niro, Meryl Streep, Whitney

Houston y Denzel Washington. Después Eddie Murphy y Brad Pitt, Will Smith, Angelina Jolie, Charlize Theron, Viola Davis, Penélope y Salma y tantas otras y otros que nos tomaría cientos de páginas mencionar. En el mundo latino, empezamos con Pedro Infante y nos fuimos a los años maravillosos de las novelas, a Verónica Castro, Lucía Méndez, José José y Andrés García. Y no me digas: oh, esos no pueden ser mis ídolos, son del tiempo de mi abuelo, porque te sorprendería saber cuántos jóvenes siguen pensando que quieren ser rebeldes como James Dean, galanes como James Bond o aventureros como Harrison Ford en sus legendarias películas de Indiana Jones.

Hay algo en las viejas glorias que nos atrae sin remedio no solo a los mortales, a los que estamos tras las cámaras o a los aspirantes a actores, sino también a los propios artistas ya consagrados. Te invito a que veas un par de películas de la época dorada de Hollywood o del cine mexicano y te des la oportunidad de descubrir algún ídolo en blanco y negro. ¡Te sorprenderá descubrir que ciertos héroes o heroínas nunca pasan de moda!

NO SE TRATA DE COPIAR, SINO DE INSPIRARSE

¿Sabías que Johnny Depp, una vez famoso, todavía se declaraba fan y groupie de Marlon Brando? Nunca le dio pena admitirlo, y seguro que más de una vez se puso frente al espejo e imitó la cara y la voz de su legendario ídolo cuando decía con voz de mafioso aquello de: "nunca digas lo que piensas a nadie fuera de la familia".

Como te digo, no conozco a ningún artista que no haya querido emular a alguien más en sus inicios. El mismo Pablo Picasso, después de que lo acusaran varias veces de plagio, aceptó humildemente que "los buenos artistas copian, los genios roban". Muy modesto, el malagueño, pero tenía razón. Steve Jobs también repitió esta famosa frase cuando lo acusaron de copiar ideas y tecnología de otros grandes cerebros. Picasso, Jobs, y tantos otros admirados personajes son la evidencia indiscutible de la fina línea que separa la burda copia de la inspiración, como hizo Johnny Depp copiando a Keith Richards, de los Rolling Stones, para dar vida al mítico Capitán Jack Sparrow.

Por eso te digo: ¿dónde está tu Keith Richards o tu Picasso? Sal para inspirarte sin miedo y verás hasta dónde te lleva ese entusiasmo por tu ídolo. ¡Tal vez hasta la próxima franquicia de Disney!

INSPIRARSE SIN COMPARARSE

Cuando te invito a que te fijes, copies, te inspires y tengas a tu ídolo presente, no te lo digo para que caigas en la vieja trampa de compararte. Compararnos con cualquier ser humano es lo más terrible que nos podemos hacer a nosotros mismos. Piensa que tú eres único e irrepetible y que tu única competencia eres tú mismo. Si caes en esa espiral peligrosa de la comparación, serás arrastrado hasta el fondo y tu autoestima se verá pisoteada. Tu amor propio quedará maltrecho y ahí terminará tu carrera, antes de empezar.

Cuando te pido que no te compares, me refiero ni para mal ni para bien, porque no falta el avispado o la avispada que se compara para creerse incluso más que el ídolo, e igualmente le sale el tiro por la culata. Hay artistas que, sin darse cuenta, son *name droppers,* de esos a quienes les gusta tirar nombres para tirar estilo, y eso cae muy gordo. "Es que yo canto igual que Enrique o Paulina", me presumen algunos. "Todos me dicen que me parezco a la Trevi", me comentan otras. "Yo tengo mejor cuerpo que William Levy... Y soy mejor actor que Brad Pitt", me avientan sin pena algunos personajes.

Yo, muy educado, sonrío e intento cambiar la conversación. De nada sirve explicarles lo mal que se vieron al entrarle al juego de la comparación. Es mejor que dejes que tus acciones hablen por ti. Tú, calladito te vas a ver más bonito, y calladita te ves más guapita. Subyuga a la gente con tu talento; limítate a estudiar y aprender de tu ídolo con humildad y deja que sean los demás quienes señalen las comparaciones con los grandes artistas. Si te preguntan, no lo niegues: cita tu fuente de inspiración. Si te cuestionan di la verdad: sí, me encanta Kate del Castillo o Diego Luna, Salma Hayek o Eiza González y me inspiro en ellos.

ES DE GRANDES
ACEPTAR QUE
TIENES ÍDOLOS
PORQUE UN DÍA TÚ
PUEDES LLEGAR A
SER ÍDOLO PARA
ALGUIEN MÁS.

VERDAD #4
SIN EQUIPO NO METES GOL: EL MÁNAGER

"Una de las relaciones más cruciales que tendrá un artista en su carrera, es la que llevará a cabo con su mánager. Para tener éxito duradero la relación tradicional es una que ahora se debería ver más como de socios. Tu mánager será la persona que te representará, te protegerá y buscará tu mejor interés en cada negociación. De igual forma, el artista que sabe de y participa en su carrera, ayuda a crear la dinámica ganadora".

—PATRICIA FLORES
Head of US Latin, Business Partnerships Apple Music

VERDAD #4

SIN EQUIPO NO METES GOL: EL MÁNAGER

> "Llegar juntos es el principio. Mantenerse juntos
> es el progreso. Trabajar juntos es el éxito".
>
> —HENRY FORD

Ya te quedó claro que, por mucho talento que tú tengas, en esta industria todos "nos hacemos" profesionales, no nacemos con la profesión aprendida. Ya viste la importancia de contar con un mentor y con ídolos que te iluminen el camino y te inspiren. Ahora pasaremos a hablar de tu equipo profesional, ese que cobra porcentajes, que está en nómina y que, al igual que tú, eligió el mundo de las artes y el entretenimiento como carrera. Porque no solo el que da la cara en cámara o se sube a un escenario es el único que vive de esto.

El trabajo de artista se puede percibir como una labor muy solitaria, donde tú y solo tú te vas a construir tus escaleras al éxito o a cavar tu propia fosa. A esto te respondo: sí... y no. Cierto que tú, como artista, serás el principal responsable de tus éxitos o fracasos y si intentas culpar a tu entorno, no pasarás de ser una víctima sin poder. A la vez, también te diré que esta profesión no tiene tanto de solitaria como nos han hecho creer, y tu futuro dependerá hasta cierto punto de la gente de la que te rodees laboralmente.

Yo siempre comparo este aspecto del artista y su *team* de trabajo al fútbol. El balompié es sin duda un deporte de equipo. Sin una buena defensa, el portero va a sufrir lo insufrible. Sin buenos delanteros que le pasen la pelota en el preciso momento al mejor pateador, el pateador se va a quedar esperando ese pase mágico... pero al final, es el *rockstar* siempre, las piernas veloces, el pichichi, quien mete el gol y se lleva la ovación, se roba cámara y sale en todas las fotos y le otorgan el título de goleador del año.

Pero, detente a pensar por un segundo: ¿Messi sería Messi y Ronaldo sería Ronaldo si estuvieran rodeados de puros incompetentes? Desde el fisioterapeuta que les trata la lesión de rodilla hasta el entrenador que les sube o baja el ego y la autoestima, hasta el delantero centro que siempre le anticipa sus movimientos, todos son parte del fenómeno Messi o del fenómeno Ronaldo. Y me temo que, si tú quieres meter gol también, vas a tener que empezar a formar tu "Artista F.C."

"¿Y por cuál empiezo?", me preguntarás. Mi respuesta, y no lo digo porque yo lo soy, es que empieces por el mánager, el equivalente al técnico o entrenador que te ayudará, paso a paso, a reclutar a todos los demás miembros de tu *dream team*.

LA CASA POR LOS CIMIENTOS

Primero necesitas encontrar un mánager, o una oficina de *management* que te represente, y partiendo de ahí podrás ir encontrando a cada otro miembro igualmente importante. Por supuesto que hay ocasiones en las que un abogado te puede presentar a una buena agencia de *management*, o que un RP bien conectado y respetado sea el primero en firmarte y luego sea él quien te lleve con un mánager prestigioso para que considere si te quiere representar. Tomes la ruta que tomes, el cimiento de todo equipo será la figura del mánager.

El sueño de cualquier representante es lograr que su artista protagonice series para la historia. Carlos Yorvick interpretó a Juan Gabriel en "Hasta que te conocí"; Jeimy Osorio, "Celia"; Yamil Ureña, "Súbete a mi moto"; y Carmen Aub, "El Señor de los Cielos".

MÁNAGER

Un mánager es lo más cercano a tu papá o tu mamá artístico que jamás vas a tener. O tu esposo o esposa profesional. Un mánager te guiará en tu día a día. Se preocupará por tu capacitación, por tu desarrollo artístico; cuidará tus relaciones con el mundo exterior, con los productores, directores de *casting;* negociará tus contratos, te buscará trabajos, presentaciones, oportunidades, proyectos; te ayudará a desarrollar tu imagen, tu *branding* especial; se encargará de aprobar tus *headshots,* de buscar, guardar, crear y proporcionar tu material de trabajo a quien lo solicite.

Un mánager es el encargado de presentarte agentes, abogados y otros profesionales en torno a este negocio. Un mánager fomenta y cuida tu *networking,* está al tanto de las nuevas tendencias, fomenta buenas relaciones con los directores de *casting* y productores, y está al día en aspectos y conocimientos legales para asesorarte en cada firma y cada propuesta.

En pocas palabras, si es que se puede contar tanto en una sola frase: **un buen mánager te ayuda a consolidar tu imagen, a definirte, a buscarte trabajo y a guiarte, protegerte y asesorarte en cada paso y cada proyecto.**

¿Y cuánto puede cobrar un mánager? Por lo regular, entre un 10 y un 20% de lo que tú ganes. Todo dependerá de lo que tú logres negociar en tu contrato. Un consejo: desconfía de aquel mánager que te cobra una cantidad fija (o sueldo) por representarte. Nosotros, los verdaderos mánagers, comemos de lo que te hacemos ganar, no de tus ahorros. Así de simple, así de arriesgado. Si tú no ganas, yo tampoco gano.

PERSONAL VS. PROFESIONAL

Hay que saber trazar la línea. Una fina línea que divide lo personal de lo profesional. Al igual que otros colegas yo he pecado de todólogo y es que no entendemos que el *management* no es una ONG. Abiertamente compartimos nuestros contactos de doctores, peluqueros, vestuaristas, agentes de viajes, personal en todos los rubros, para hacer la vida de nuestro artista más fácil. Llegamos hasta abrir las puertas de nuestra casa y la de nuestros amigos en distintas latitudes para que los acojan temporalmente, los paseen y encaminen. Pero debes tener muy claro que los mánagers ni los agentes no somos Airbnb ni tampoco nanas. Somos gente estudiada y con experiencia que dedicamos apasionadamente nuestro tiempo a ustedes, nuestros clientes.

Esas son las dos palabras claves de todo mánager: **profesionales** y **dedicados**. A estas dos cualidades, yo añadiría una más: **especializados**. Porque el que mucho abarca, poco aprieta. ¡No sé si podría confiar en mi mecánico para cortarle el pelo a mi perro! En este mundo tan complejo y sofisticado, los todólogos ya no son los reyes del mambo. Tú, como artista, debes tener un poco de todólogo, pero tu equipo debe estar configurado por expertos en su campo. Desconfía del hombre orquesta y mejor busca al mejor pianista y al mejor violinista para la ocasión.

NEGOCIO DE "ALTA FIDELIDAD"

Cuando un mánager pone sus ojos en un talento, es importante entender que es una labor de fe donde el ingrediente principal es la lealtad, por ambas partes. Es una relación en la cual convergen dos elementos: una mezcla de admiración con empatía mutua. Es ese flechazo del que te hablaba de que en algunas ocasiones termina en "boda profesional".

En general, la labor del mánager es poco mesurable, porque no hay una cámara grabando todo el día lo que él y su equipo hacen y gestionan durante las largas horas de entrega y desvelo, interminables llamadas, múltiples reuniones y comidas de negocios. Tampoco se mide el tiempo que le resta a su vida personal y a su familia para conseguir el sueño de sus representados. Por eso, no es de extrañar que cuando el artista decida cambiar de equipo, el mánager se sienta defraudado o poco apreciado y crea que ese artista no le fue fiel, que le falló a la lealtad que ambos habían construído. Si deseas visualizar más esta relación y ahondar en el tema te recomiendo una de mis pelis favoritas, *Jerry Maguire*, con la famosa frase de Rod Tidwell interpretado por Cuba Gooding, Jr, *Show me the money!!*". Tom, como agente deportivo, nos dibuja la perfecta analogía de un apasionado mánager artístico con sus altas y bajas.

Muchos talentos vienen siempre a mí con dos frases muy populares: "No te preocupes, Joe, yo nunca te voy a abandonar, no voy a cambiar", y "yo te voy a hacer rico, conmigo te retiras". Pocos son los que "no cambian" (todos los seres cambiamos, nos guste o no) y por ahora, ninguno ha logrado hacerme ganar tanto que ya me pueda retirar. Aquí sigo, ganándome la papa como todo hijo de vecino. Más bien he sido yo quienes les ha ayudado a comprar su primer carrito o a pagar su primer viaje a Europa. Y lo digo sin ánimo de que me aplaudan, pues gracias a ellos yo también gané y aprendí mil cosas, por lo cual les estoy siempre agradecido.

Este intercambio de ganancias es casi siempre mutuo; cuando lo deja de ser es la señal (tanto para el mánager como para el artista) de que hay que levantar vuelo, finalizar contratos y buscar nuevos horizontes. Sin corajes, sin rencores. Al final del día estamos todos en el juego por negocio y por amor a este arte e industria. Tenemos que comer de esto y ser capaces de crecer y disfrutar el trabajo. Y si eso ya no está ocurriendo, pues adiós, tú por tu lado, yo por el mío, y a seguir intentando por otros caminos. Un adiós entre mánager y cliente no deberíamos tomarlo personal. Como dicen en Hollywood: *honey, this is just business*. Pero hasta para un adiós de negocios se necesita clase y ser considerados. Te sorprendería si te cuento cómo algún que otro cliente me dijo *au revoir* y terminó su relación de trabajo conmigo tras años de éxitos: ¡Por texto y sin más explicación que dos emojis de corazones! "Te amo por siempre, eres lo max... nunca cambies".

LA HIERBA NO SIEMPRE ES MÁS VERDE EN LA OTRA ORILLA

En todo este arte de las relaciones artista-mánager, o agente, o publirrelacionista, la magia está, insisto, en saber valorar este ingrediente: fidelidad, lealtad. Y el enemigo número uno de esta lealtad laboral es la desesperación, la falta de paciencia. ¡Cuántas veces he presenciado a actores cambiar de equipo porque algo no les salió como esperaban! Lamentablemente, más del 50% de estos cambios radicales acaban mal, sin un final de cuento de hadas. Muchos de estos cuentos de "vente conmigo que yo soy mejor para ti" terminan en demandas legales con esas nuevas oficinas porque no siempre la hierba es más verde en la otra orilla. Sin sonar aquí a *Paquita Salas (serie española)*, pero más vale loco conocido (y que ya te conozca tus manías y dramas) que loco por conocer. También recuerda que la hierba, no importa en qué orilla del río, necesita tiempo para crecer. Nunca cambies de mánager guiado por tu impaciencia. Si lo haces, que sea por motivos reales y meditados debidamente.

SÉ FIEL Y EVOLUCIONA A LA VEZ

Por todo esto, mi consejo es y siempre será: fidelidad. Si tu equipo te es fiel y tú eres fiel a tu equipo, aunque no sean los mejores del mundo, vas a llegar donde tienes que llegar. Tal vez un poco más despacio, pero lo que es tuyo, nadie te lo va a quitar.

Igualmente, te repito: si algún día necesitas un cambio, hazlo. La gente crece, evoluciona y es normal que con los años necesites una agencia más grande, un abogado con más experiencia en contratos internacionales, etc. Solo te pido que antes de dar el paso de terminar la relación con tu mánager u otro miembro de tu equipo, te asesores. Hazlo con transparencia, explica tus motivos ordenadamente a tu viejo equipo y respeta cualquier plazo o contrato que tengas pendiente con esas personas que se desvelaron por ti, malgastaron sus días en interminables comidas de negocios con gente que solo les hizo perder el tiempo, que creyeron en ti cuando nadie te respondía los e-mails, y con quienes puedes dejar la puerta abierta por si en el futuro deseas o necesitas regresar.

En esta industria, si quemas puentes, te ahogas en el río rapidito. Nunca te burles de aquellos o aquellas mánagers que ya no están en el candelero, pero que tuvieron su momento y te lo compartieron en su día. Piensa que cuando tú también tengas una mala racha, cosa que a todo artista le sucede, tal vez sean esas *"Paquitas Salas"* las únicas que se acuerden de tu cumpleaños.

Todos entendemos que tu primer equipo podría no ser el perfecto *match* para ti. Si eres principiante y sientes que el primer mánager o agencia con quien firmaste no te están haciendo avanzar al ritmo que tú deseas, pide tu carta de liberación con educación. Estás en tu derecho. Solo te sugiero que no lo hagas por texto, como aquella persona que me envió sus corazoncitos muy monos y un frívolo *"see you later"*.

NI WHATSAPP NI POST-IT

Soy hombre de negocios y comprendo que las cosas tienen un principio y un final. Por mi vida han pasado infinidad de celebridades de las grandes ligas y con casi todos guardo una bella amistad. Nos separamos laboralmente porque se acabó el proyecto o cambiaron de disquera, dejaron de cantar o actuar, firmaron con otra agencia o simplemente ambas partes decidimos tomar diferentes rumbos. Mis historias con mis exclientes son muchas, ricas y variadas, y todas inician y terminan con gran respeto y corazón.

Obviamente, en toda regla hay una excepción, y en mi caso, fueron excepciones: el artista que me dijo *bye bye* por texto con emojis, y otro que recurrió al WhatsApp porque estaba en otro país y no iba ni a pagar los setenta y cinco centavos de tarifa internacional de un mensaje regular. Te puedes imaginar la reacción que eso puede causar en un agente, abogado, productor, mánager, chofer, cocinero, asistente, entrenador o maquillista. No me importa qué puesto ocupe la persona en tu equipo, tú le debes respeto, y por muy artista que seas, pides cita y le hablas en persona... de frente. Si estás lejos, y ahora que todo lo hacemos por *Zoom* o *Facetime,* no recurras a una sencilla llamada de teléfono. Nunca mejor dicho: da la cara, comunica tu decisión por videollamada. No seas el Jack Berger de esta historia.

¿Recuerdas en *Sex and the City*? Cuando el personaje que encarnaba Ron Livingston rompe con Carrie Bradshaw por medio de un *Post-it*, un papelito de esos amarillos, en el cual le escribió: "lo siento, no puedo, no me odies". Tampoco seas la *Macarena* de la teleserie *Paquita Salas*, que despide a *Paquita* por medio de un e-mail que se va directo a *spam*. *Paquita*, ajena a la decisión, maneja a la joven actriz hasta Cuenca o Albacete (y eso suena muy lejos de la Gran Vía...), y se despide de ella como toda una señora, recordándole a su ya exartista lo talentosa que es y lo mucho que la quiere, aunque la deja con la cremallera abajo para que otro se la suba. Ese ya no es su trabajo (Si no has visto Paquita Salas, chécala en Netflix). Otras series que pueden darte una idea de la complejidad de este mundo de artistas y mánagers son *Call My Agent* y *Entourage*. Ambas nos ofrecen, entre broma y broma, aspectos muy reales de esta relación tan intensa como necesaria.

En todo este apasionado romance de fidelidad y matrimonios laborales, también ten presente que **el que mucho cambia, poco avanza.** Debes hacer un análisis introspectivo y ser honesto contigo mismo; sopesar si la alianza con alguien de tu equipo de trabajo no está funcionando por ellos o por ti: ¿tal vez tú no estás dando tu 100%? ¿O no estás mostrando tu talento de la manera necesaria para encajar en ese mercado? ¿O buscas resultados que no están alineados para tu nivel, aptitudes o perfil? Antes de mandarle a cortar la cabeza a alguien de tu *team*, vas a tener que hacer un examen de conciencia "a conciencia" y repartir responsabilidades. Porque **a quien mucho cambia de novio o de novia, a pocos bailes lo invitan...** He dicho.

ZAPATERO A TUS ZAPATOS

"Ay, Joe, es que mi publicista me maneja la cosa de los contratos", escucho de vez en cuando y sonrío, resignado. "Ay, Joe, es que mi *social media mánager* me dice ..." Y yo vuelvo a sonreír con educación, como en mis fotos de Instagram, porque si les digo: "No, mi rey, no, mi reina, ese no es el trabajo de tu contable ni de tu estilista, es el trabajo de tu mánager", me van a mirar como ardido o celoso, porque yo soy mánager.

¿A qué voy con todo esto? Sencillo, no confundamos las peras con las manzanas. O eres mánager o eres publicista o eres abogado o director de casting. No quiere decir que no pueda poner al servicio de los clientes mi experiencia en otras áreas. ¡Todo lo contrario! Con los conocimientos que he acumulado a lo largo de mi trayectoria, siempre aconsejaré a mis artistas sobre temas de medios, casting, leyes, entrenamiento físico, imagen, nutrición o actuación. Pero lo haré desde mi plataforma de mánager, en coordinación con los expertos en dichas áreas y siempre trabajando en equipo, dejando hacer a quien sabe hacer.

Esto que te acabo de describir se llama asesoría y cae dentro de las tareas de un mánager, pero no esperes que sea yo, el mánager, quien te escriba el comunicado de prensa de tu RP, lo distribuya y de paso te corrija los contratos y te entrene en las mañanas en el gym. ¡Tampoco esperes que tu abogado te grabe tus *castings!* De todas las confusiones en las que los territorios de trabajo se mezclan, la más grande se da entre mánager y agente. Así que voy a repetir funciones, para que luego "no me digas que no te dije". Los mánagers son la conexión directa con el artista, los agentes son profesionales intermediarios que buscan oportunidades para los artistas y cuya comisión es compartida con el mánager. En el mercado latino los agentes son también conocidos como **promotores**. Son especialistas en otra parte del *business*. Mientras los mánagers se enfocan en buscar y coordinar oportunidades de trabajo en televisión, cine y teatro, armando *tours* y viendo el 360 del negocio, los agentes traen oportunidades específicas a la mesa que hay que discutir, analizar, negociar y oportunamente aceptar o rechazar de la mano de cada talento. Los agentes son "cazaoportunidades", hábiles buscadores de negocios, mentes rápidas que detectan la combinación perfecta de artista-proyecto, te lo traen a la mesa, y se van a por más.

Aunque mánager y agente deberían trabajar en perfecta armonía, todavía es muy frecuente, sobre todo en el ámbito latino, que los agentes o promotores (e incluso ejecutivos de cuentas de populares marcas) contacten directamente a los talentos para saltarse al mánager y no compartir comisión. Algunos personajes llegan a amenazar al talento: "o negocio contigo directo o no te doy el *business*". De ti dependerá crear equipo o... crear desequipo.

Si aceptas, el mismo agente que te propuso el *deal* se lleva una impresión de ti como cliente poco fiel y es consciente de que mañana se lo puedes hacer a él e irte a sus espaldas con otra marca o *patrocinador*. Tu palabra y tu reputación es lo que te avala en este mundo donde nos creemos que solo se mide el talento y el arte, pero ni tanto. Hay artistas no tan talentosos a quienes jamás les falta trabajo porque siempre los llaman. Productores, directores, agentes y mánagers saben de su fidelidad, su integridad y su ética de trabajo, y les consta que es siempre un placer negociar con ellos. ¡Más vale pájaro agradable en mano que genio volando!

En Estados Unidos o Europa, esta relación mánager-agente y sus límites están mucho más definidos. En Hollywood, por ejemplo, si no tienes mánager difícilmente llegarás a un agente. Es lo primero que te preguntan: ¿quién es tu representante, tu mánager? El agente se reporta a una Agencia y trabaja de la mano con los *"reps"* o mánagers. De la misma manera, en la meca del cine, si eres agente no te permiten ser mánager (es ilegal); y si eres mánager no te dejan ser director de *casting*, trabajos que en Latinoamérica no están tan separados, lo cual genera confusión y facilita que se dé cierta mafia. Si tú diriges un *casting*, ¡lógico que vas a elegir a tus propios actores, si eres a la vez mánager! Además, aunque los mánagers tienen el olfato de buscadores de estrella y saben cómo depurar un perfil para que encaje en cierto papel, su especialidad no es el *casting*. Por eso, en Estados Unidos cada papel profesional está justamente delimitado, para beneficio del artista y para evitar conflictos legales.

¿Y cómo convenzo al mánager de mis sueños? Como a estas alturas del capítulo ya te quedó claro para qué necesitas un mánager, vamos a la parte clave: conseguir un mánager. Y no me refiero a "cualquier mánager", sino aquel o aquella a quien admiras y crees que podría ayudarte a subir en la escalera de tu profesión.

Para llegar al mánager que crees que te va a abrir las puertas del "cielo artístico" tienes dos caminos: uno es buscar a alguien que lo conozca y te refiera directamente con él o con ella. El otro es enviarle un *e-mail* así, sin más, en caliente, y cruzar los dedos para que te responda. No te negaré que la primera opción siempre es la mejor, pero de igual modo la segunda no es tan descabellada. A mí, personalmente, me han llegado *e-mails* muy interesantes y los he leído; he recibido mensajes por *Instagram* de artistas decididos que, en pocas palabras, me han demostrado su gran interés por trabajar conmigo con un par de DM. Aunque, insisto, ir recomendado siempre es mejor.

Lo que nunca te aconsejaría es que "asaltes" a ese mánager profesional en plena fiesta o *cocktail*, si es que te lo tropiezas en un evento, en el supermercado, un cine o en el *gym*. En esos casos de encuentros fortuitos, acércate educadamente, exprésales en muy pocas palabras por qué los admiras, pídeles su *e-mail*, y ¡desaparece! Si en 30 segundos eres capaz de causarles buena impresión, da por descontado que van a leer el *e-mail* que posteriormente les vas a enviar. Si les robas diez o veinte minutos de su tiempo hablando de ti, ti, ti, ti, ti, vas a sonar a cumbia rayada y te van a aborrecer. Recuerda: la primera impresión es la que cuenta. Los humanos difícilmente podemos borrar esa primera foto de nuestra memoria, así que luego no te quejes y digas: "ay, ¿por qué no me esperé... por qué no cerré la boca... por qué le conté mi vida en verso y le hice perder su turno en la bicicleta estática?".

En resumidas cuentas: en esos tropiezos casuales con el mánager de tus sueños tienes medio segundo para saludar, expresar tu admiración, apuntar *e-mail* y salir volando.

Si tienes la fortuna de que algún otro actor o persona de la industria se ofrece para presentarte con el mánager en cuestión, te recomiendo que sea esa persona la que inicie la llamada de teléfono, el *e-mail* o la cita para un café. No llames tú en su nombre. Deja que quien te promete el contacto lo inicie y lo ejecute. Una vez establecido dicho contacto (en persona o digital), el siguiente paso será enviarle tu material. Hazlo inmediatamente. Envíale un corto *e-mail* dándole las gracias por la oportunidad y nada más. Solo adjunta tu *headshot, demo real,* biografía y un saludo cordial.

¿Y si no te contesta en varios días? Pues te aguantas. Los famosos *e-mails* de *follow-up* son los que más presionan e incomodan a los profesionales de esta industria. Asegúrate de que pasan al menos dos semanas antes de dar de nuevo la lata. Si a ese segundo *e-mail* no obtienes respuesta, lee entre líneas, interpreta el silencio, no te obsesiones y, como dicen los gringos: *move on.* Enfoca tu energía en llamar a otras puertas. No seas exageradamente insistente. El tiempo te indicará cuándo retomar ese contacto e insistir.

Es cierto que esta es profesión de los "persistentemente insistentes", de los que no aceptan un no como respuesta, de los que no se rinden. Pero también hay que saber cuándo un *e-mail* sin responder es una negativa final o un "no por ahora". De esto te hablaré más en otro capítulo, en el cual te entrenaré para que las negativas solo te hagan más fuerte.

Una vez logres cita de trabajo con ese o esa mánager, llega preparado. Haz tu tarea. Lee todo lo que puedas sobre esa oficina de *management* o esa persona. Infórmate. Demuéstrales que te importan, que conoces su trayectoria; no hables solo de ti durante dos horas. Pregunta, calla y escucha. Si te ven mentalmente estructurado y capaz de hacer preguntas inteligentes, ya los enamoraste. No hay nada más terrible para un mánager que firmar con un artista que no puede ni formular una pregunta coherente. Algunas de esas preguntas que te harán verte profesional son: ¿Qué crees que tengo que mejorar? ¿Cuáles son las reglas con las que te gusta trabajar? ¿Qué me puedes ofrecer siendo realista? ¿Qué otros clientes tienes como yo, de mi edad y mi perfil? ¿Cuál es tu porcentaje exacto? ¿Cuál será la duración de nuestro contrato? Hablemos de exclusividad: ¿puedo trabajar ciertos aspectos con otros profesionales? ¿Qué tal si tengo pendientes algunos proyectos ya iniciados con alguien más?

Si te escuchan honesto y organizado vas a salir con éxito de esa primera reunión tan importante. Solo recuerda: para encontrar al mánager ideal vas a tener que pasar por varias de estas citas en las que vas a tener que explorar, ser adecuadamente persistente y darte un baño de esa paciencia con miel que te explico a lo largo de todo este libro, porque vas a tener que esperar hasta encontrar a tu media naranja profesional.

Por último: ¿para qué buscas un mánager si después no quieres firmar contrato con nadie porque sientes que eso es cortarte las alas? Inverosímil, pero algunos artistas le tienen más terror al compromiso que Julia Roberts en su película *Runaway Bride*. Algunas personas quieren bailar con todos y ver quién le ofrece más por el vals. Entiendo ese temor a firmar con alguien. Ciertamente no hay garantías de que ese mánager o esa agencia te va a conseguir todo aquello que deseas. Sin embargo, hoy en día nadie trabaja sin un aval, sin poner las reglas y condiciones por escrito. Sería como intentar sacar un carro en *lease* sin estampar tu firma en ningún papel. Del mismo modo, ningún mánager que se considere profesional te va a trabajar sin firma por delante. Como dicen en inglés: "No ticky, no laundry".

¿CUÁNDO ES LA BODA?

Soy consciente de que esa "firmita" no es cosa de broma. Firmar con un profesional del entretenimiento es lo más cercano a casarte que vas a experimentar, porque vas a tener que viajar con ese mánager o agente, vas a tener que cenar con ese abogado o con ese publirrelacionista una y mil veces. Vas a acabar compartiendo hoteles, aviones, taxis, horas, penas, alegrías, cumpleaños y hasta visitas al doctor. Lo cierto es que tu agencia o tu manejador se convierte en algo tan cercano o más que tu propia familia. Yo siempre bromeo que es como un matrimonio sin sexo en donde ambas partes se dejan la vida por los mismos ideales. Como toda unión civil o religiosa, la promesa se deberá respetar "en las buenas y en las malas". Igualmente, cuando llegan los problemas o las vacas flacas, muchos deciden salir volando.

Por eso insisto que la elección de mánager es como la zapatilla de Cenicienta, no a todas les queda. No todo artista está hecho para todo mánager ni viceversa. Asegúrate, como te dije, que haces "*clic*" con esa persona clave en tu carrera, que eliges a alguien que comparte tus mismos valores y visiones. Por ejemplo, si te asocias con un mánager que te insiste en posar para *Playboy* y tú eres de las que no quieren enseñar *chichi*, yo te aconsejaría que te des media vuelta, como dice la canción de Luismi, y te vayas por donde cae la tarde. Valores, visiones, objetivos, moral, gustos... será difícil encontrar a alguien que comparta tantas cosas contigo, pero no imposible.

Para tus antenas, prende tu radar y en lugar de pasártela en el *dating app* buscando al hombre perfecto o a la mujer ideal, ponte a rastrear al "mánager perfecto". Perfecto para ti. Cuando lo encuentres, no te olvides de invitarme a ese "matrimonio profesional", porque yo quiero empezar a brindar por los éxitos que juntos van a alcanzar.

VERDAD #5:

VAS A TENER QUE PRACTICAR TEAMWORK
EL RESTO DE TU DREAM TEAM

"El artista es el motor de un coche y su equipo son las llantas, ventanas y puertas... uno no puede correr sin el otro. Separados pueden existir, pero juntos es que el carro corre. Así es el equipo de un artista y cuando se crea un *"dream team"* ¡son imparables!"

—WALTER KOLM
Fundador/CEO/WK Entertainment/WK Records

VAS A TENER QUE PRACTICAR *TEAMWORK* CON EL RESTO DE TU DREAM TEAM

"Son muchas las manos y los corazones que contribuyen al éxito de una persona".

—WALT DISNEY

"Ay, tú, mira, por ahí llega Fulana o Zutana, con semejante *entourage*", escucho comentar en algunas ocasiones, cuando me reúno con algunos de mis clientes en el *lobby* de un hotel o restaurante. Yo sonrío y pretendo no haber oído nada, pues me tomaría una hora explicarles quién es quién, en esa mesa, sentados alrededor del famoso o la famosa. Mejor te lo explico aquí, en estas páginas, para que comprendas que en este negocio con el mánager solo no basta. Sin equipo completo no metes gol. Quiero que entiendas que "El Llanero Solitario" (*Lone Ranger*) no era tan solitario ni su fiel Tonto era tan tonto, porque el artista inteligente se rodea de profesionales que saben más que él. Como te dije, por mucho que parezca una profesión individualista, este es gremio de equipos, de *teamwork*, y cuanto antes comiences a construir tu *dream team,* antes llegarás a la cima.

Siempre hago hincapié que el éxito es un trabajo de equipo. El que se sienta todopoderoso o inalcanzable no llegará muy lejos o caerá más rápido. Tanto el actor como su oficina o equipo de profesionales tienen la responsabilidad de enrollarse las mangas, de estar pendientes a los detalles y de encontrar o provocar las oportunidades. ¡Todos a partes iguales! Por el hecho de tener mánager no te puedes dormir en los laureles y dejar de buscar por tus

Un verdadero dream team se nutre de relaciones y apegos. Aquí aparece mi socia española, Carmen Carcelén, conociendo a mis protegés.

propios medios. Todos los miembros de este *dream team* deben mantenerse siempre alertas con sed y con hambre. Estudiar, prepararnos, reinventarnos, mantenernos activos y vigentes en tecnología, y nunca bajar la guardia. Así como un equipo de fútbol, todos juegan por alcanzar el mismo objetivo: meter un gol y ganar.

Mánager, agente, *coach*, *trainer*, publicista, abogado, contable, ¡y hasta familiares cercanos y amigos íntimos! Todos cuentan y todos deben remar en la misma dirección. Tú me dirás: ¿Hasta la familia la añades aquí? Sí, te sorprendería el rol tan importante que juegan o van a jugar familiares, amigos o parejas en tu carrera. Su papel es tan importante que más adelante les voy a dedicar un capítulo entero. Por aquello de: dime con quién andas... y te diré para dónde apunta tu destino.

DÉJATE AYUDAR

Detrás de cada personaje exitoso hay gente con pasión. La pasión es el motor de todo. El conocimiento, el *know how* y los contactos son las otras claves en la ecuación del éxito. Tú seguro que ya cuentas con la pasión que aquí te menciono, pero dudo que ya poseas el *know how* y los contactos, si es que estás apenas empezando. Tú sabrás mucho de actuar, te habrás preparado y leído infinidad de libros, pero de leyes probablemente no tienes ni idea. Tampoco tendrás mucha experiencia en cómo navegar el sistema corporativo de una casa productora grande o cómo cobrar deudas no pagadas.

"Nuestra industria es muy competitiva y la única forma de ganar es trabajando en equipo. Cuando cada quien hace su parte, siempre con el objetivo de procurar el exito del artista, los resultados se logran. A veces quiero matar a Joe por terco. Pero esa terquedad es porque sabe lo que en verdad hay que hacer en el mundo que domina y nadie mejor que él. La presión que mete es generada por la pasión con que trabaja y el cariño que nos tiene".

—FERNANDO GIACCARDI
Manager de Enrique Iglesias

Como principiante, no vas a tener otra opción más que dejarte guiar y aconsejar. Vas a tener que aprender a delegar y confiar en un extenso equipo que a continuación te voy a describir con lujo de detalles para que la próxima vez que veas a un actor consagrado llegar con ocho personas al evento comprendas que allí todos trabajan, todos se ganan el pan y le ayudaron a ganarse el pan a la celebridad.

GRANDES JUGADORES DE EQUIPO

Para explicar este fenómeno de equipo, basta con que te sientes a observar a algunos de los mejores jugadores en la cancha que tenemos hoy en día. Salma Hayek, Gael García, Eiza González o Enrique Iglesias son claros ejemplos de artistas que saben formar equipo y jugar al *teamwork*.

Mi otra gran *team player* es Roselyn Sánchez, mi compatriota, cliente y amiga, con quien me unen infinidad de proyectos y aventuras. Roselyn, desde muy joven, comenzó a buscar personas claves en esta industria que la pudieran ayudar a crecer con paso firme. Mi paisana aprendió solita y por necesidad a delegar y discernir las diferencias entre los miembros de su equipo y a no pedirle a uno lo que le corresponde hacer al otro.

Aprendió a confiar en su representante, a invertir en su abogado y a dejarse guiar por su agente. A decir que sí a su publicista y no dormirse en sus laureles cuando le llegaron sus primeros 15 minutos de fama. Sin duda fue su talento lo que le abrió las puertas de Hollywood, pero también es innegable que su arte de saber jugar en equipo es lo que la mantiene arriba todo este tiempo. Yo amo llegar a los *Latin Grammy* con ella del brazo, cada año (¡ya lleva presentando tan popular evento cuatro ediciones consecutivas!). Los ejecutivos, productores, colegas y *fans* la ven llegar con su *entourage* y todos saben que no es séquito, sino un equipo donde todos tienen su rol bien marcado y cuya encomienda es una: meter gol esa noche.

JUGADORES EN SUS PUESTOS

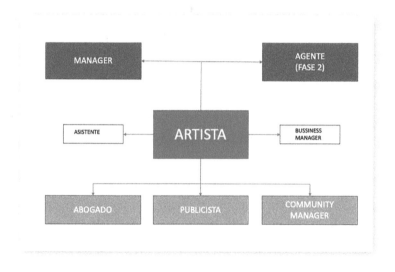

Como en cualquier equipo que se digne, vas a necesitar una alineación, dentro de la cual cada uno conozca su cometido. Este organigrama que aquí te presento es el más sencillo, el que a mí me funciona, pero existen infinidad de variaciones en la manera en la que puedes poner a tus profesionales, a quienes creen en ti, a trabajar juntos sin que haya roces ni malentendidos.

Como ves, en mi alineación para el *dream team* que espero tengas algún día, el artista está en el centro y no es por darle "egocentrismo", sino porque son los artistas los que al final toman la decisión final en todo. En el caso de un mánager, su verdadera esencia es más de servidor (del artista) que de diva. Este jugador desempeña la función de conector. Como ves, es un indicador de que, por mucho equipo que tengas, al final serás tú quien tome las decisiones más importantes y por ende marques el rumbo de tu propia carrera.

Bajo tus órdenes directas tendrás también a tu asistente personal, cuando te lo puedas permitir, y *business mánager* (cuando llegues al Jumanji 2 nivel Eugenio Derbez); que será quien te ayude a conseguir otra clase de negocios y oportunidades que no sean las relacionadas directamente con tu actuación. Mientras, tu mánager (o *talent mánager*) hará equipo con tu publicista, tu abogado, tu *community mánager* (encargado de redes sociales y mundo digital) y tu agente.

Si te fijas, en este pequeño esquema hay tres figuras clave. Una ya te la expliqué en detalle: la del mánager. Ahora, te voy a describir el resto muy brevemente, porque si vas *online* tienes miles de artículos, definiciones y explicaciones que sería inútil repetir aquí. Prefiero economizar en papel y concentrarme más en aquellos consejos que no encontrarás en ningún otro libro o portal.

AGENTE

Sin desmerecer su rol que es de suma importancia, pues los agentes son los que traen mucho del dinero a la mesa, la labor de un agente es más rápida de describir: un agente es quien te trae proyectos.

En ciertos países, la figura del agente no es tan común, pero en Estados Unidos es más que necesaria, aunque no hay ninguna ley que te diga que tienes que contratar a uno obligatoriamente. Tú solo, si sabes y tienes los contactos, o con la ayuda de tu mánager, puedes conseguir las chambas directamente. Por supuesto que, si tú y tu mánager se asocian con un buen agente, las oportunidades se van a multiplicar para todos.

A los agentes los llaman "los 10%", porque eso es lo que cobran de todo aquello que sepan traer al artista. Hay veces que ese 10% proviene del 20% del mánager, y hay ocasiones que se puede negociar por fuera. Algunos trabajan como agentes independientes, pero la mayoría pertenecen a compañías de talento multinacionales ya establecidas. En Estados Unidos, por ejemplo, las compañías más grandes de agentes artísticos son CAA, WME, UTA, PARADIGM, GERSH, APA, y ICM, con las cuales colaboro desde hace muchos años.

RELACIONES PÚBLICAS

Publirreacionista, *PR* (por sus siglas en inglés), o publicista (para acortar). Los llames como los llames, yo le tengo gran aprecio a esta profesión porque yo mismo fui jefe de prensa durante gran parte de mi carrera en la que coseché éxitos y vivencias personales irrepetibles. Cierto que la figura del RP ha ido cambiando con los tiempos. ¡Y mucho! Antes, solo si eras Ricky Martin necesitabas un publicista que te coordinara, produjera y estructurara tus apariciones en medios y eventos públicos. Hoy, para serte sincero, esta figura del RP ha ido tomando fuerza y relevancia. Cada día es más necesaria, incluso para principiantes. ¿Cómo captar la atención de los medios y del público en tiempos en los que todo se ha sofisticado tanto y cada vez hay menos revistas? Precisamente con la ayuda, experiencia y contactos de un publirelacionista preparado.

Pero cuidado, porque con este *boom* de las relaciones públicas, también han aparecido infinidad de agencias, individuos o profesionales de otros campos que ahora te prometen ponerte en *Despierta América*, en la portada de *People* o en tu programa de radio favorito y luego no pasa nada.

Para que no te lleves a engaño, este es el trabajo exacto de un RP: creación de campañas mediáticas, coordinación de entrevistas y apariciones en los medios, desarrollo de tu imagen pública a corto o largo plazo, trabajo con el equipo de marketing para crear oportunidades de negocios, entrenamiento del talento para enfrentar a los periodistas, manejo de crisis mediáticas, asesoría sobre apariciones en público y asistencia en dichas apariciones. En pocas palabras: el RP es el *babysitter* de tu imagen y tus apariciones públicas; en caso de crisis, es el bombero que apaga las llamas de la mano de tu mánager. ¡Casi nada!

Ahora que ya sabes qué hace esta figura tan de moda hoy en día, pongamos las cosas claras: ¿necesitas un RP en el inicio de tu carrera? Posiblemente no, pero si te puedes permitir el lujo de pagarlo, hazlo. Solo te advierto: el RP no trabaja a comisión, cobra una cuota mensual, trimestral o anual. Su compromiso es presentarte un plan de acción para maximizar, optimizar y potenciar tu presencia en los medios, y ejecutarlo, obteniendo entrevistas específicas y asegurándose de que se transmite tu *branding* correctamente.

Solo te pido dos cosas: una, consulta siempre con tu mánager, si ya lo tienes, antes de firmar con un RP. Dos: solicita credenciales. Averigua qué ha hecho esa persona o esa agencia anteriormente y con quiénes ha trabajado. Es de suma importancia discutir las expectativas mutuas y en base a eso solicitar ese plan de trabajo del que te hablé. Pídele al RP que te quiere firmar detalles de la estrategia de prensa o publicidad, según sea el caso, que va a seguir contigo.

Yo egresé de Comunicación Pública y aunque soy en esencia periodista y fotógrafo, me especialicé como editor de revistas por muchos años en México. Cuando concluí mi etapa en los *magazines*, me aventuré a hacer algo nuevo por instinto de supervivencia. Viendo mi abanico de posibilidades, me dije: creo que es momento de ejercer como Jefe de Prensa. Así fue como cambié de bando y me fui a trabajar para los artistas, poniendo mis conocimientos de medios a su servicio. A mi trabajo constante con los diarios y revistas se sumó luego la televisión y eventualmente terminé siendo el vínculo de contacto entre mis artistas, marcas y empresas, es decir, me convertí en publirelacionista oficial.

Ahora que conoces mi historia, busca algún RP que tenga un entrenamiento o una trayectoria similar a la mía. Alguien que haya trabajado para medios, para clientes, y haya adquirido una buena cartera de contactos en todas las áreas de esta industria (*marketing*, producción, promoción, medios, etc).

ABOGADO

Yo, en lo personal, hago siempre hincapié en que cada talento debe saber lo que firma y la única manera de saber lo que dice esa letra pequeña que siempre aparece en todo documento es teniendo un abogado que te asesore en tus dudas y preguntas. Los abogados son siempre un mal necesario, una parte muy importante de tu *dream team*, sobre todo a la hora de negociaciones grandes, exclusividades, giras o, en su momento, el tan ansiado *crossover* donde el licenciado será el eje central entre los agentes y el mánager con las casas productoras internacionales.

Un abogado te representa a ti, no a tu mánager ni a tu agente. Tú le pagas y él o ella es el último encargado de asesorarte sobre lo que tu equipo te pone en la mesa para que lo firmes. Normalmente los abogados de entretenimiento cobran por hora o a porcentaje por proyecto firmado (que nunca excede del 5%). Si no tienes dinero para pagarle por hora tus primeros proyectos, ofrécele un pequeño porcentaje para poder iniciar una buena relación con este personaje clave que te sacará de más de un apuro. Insisto: yo, como tu mánager, al igual que tu papá, siempre te recomendaré lo mejor para ti, pero ni yo ni tu papá somos abogados. En las grandes ligas, al igual que en las pequeñas, no vas a poder saltarte este eslabón: el del señor o la señora licenciada.

CHECA CREDENCIALES, GUARDA TU BILLETERA

Ahora que ya entiendes el organigrama del buen artista, solo te pido que no peques de entusiasta y te pongas a "contratar" a todo individuo que se te acerque lleno de promesas en el *cocktail* de estreno de alguna película. En esas fiestas todos son fantásticos, son primos de Madonna o han trabajado con Gael García. Limítate a escucharlos, tomar sus datos y sonreír; al llegar a casa, ponte tu gorra de Sherlock Holmes e investiga. Asegúrate de cuáles son sus credenciales, sus logros y su nivel de integridad.

Todo esto es muy fácil saberlo hoy en día: solo pon sus nombres en Google y... ¡zas! Allí aparecen todos los trapos sucios... o los trapos limpios. En esta industria todo se sabe, todo se escribe, todo se comenta, en el inmenso lavadero *online*. Si un mánager tiene mala reputación, pronto lo vas a saber. Te recomiendo que entres a IMDb, un banco de datos sobre la industria del cine, la televisión y los videojuegos creada hace casi treinta años y que cuenta con más de 83 millones de suscriptores. En IMDb verás si aquello que te comentó el simpático personaje en la fiesta es cierto o no, con tan solo poner su nombre en el buscador. También te recomiendo que te registres en esta página para que te den acceso a más información para contactar a todos esos profesionales que allí aparecen.

Otra excelente manera de saber de qué pie cojea ese abogado, mánager, agente o publirrelacionista que acabas de conocer es simplemente preguntando. Preguntando a Roma se llega, o por lo menos a la colonia Roma, sin perderte por Condesa. No te dé pena y pregúntales a sus otros clientes cómo les va con él o ella, habla con otros actores, pero a la vez, ¡ten cuidado! Aprende a diferenciar lo que es un comentario de un artista ardido por algo que pasó entre él y ese profesional y un comentario constructivo y profesional. En este mundo es difícil no cruzar aspectos personales con profesionales, y aquel mánager que a tu amigo no le funcionó podría ser perfecto para ti por una y mil razones.

Por ejemplo, yo odio la impuntualidad. Si tu amigo o amiga eran muy impuntuales, tal vez no hicimos buena química y me dijeron adiós a la primera que les llamé la atención por sus tardanzas; o tal vez yo les dije *au revoir*, cansado de esperar 60 minutos en la esquina como un espantapájaros junto al Uber. Pero si tú eres de mi equipo del "reloj certero", posiblemente podamos trabajar juntos muchos años. Por eso te digo que antes de decidir si ese mánager es para ti, sería ideal que preguntes y escuches, pero luego elabores tu propia opinión.

Te lo digo yo, que llevo largos años jugando *backstage* entre bambalinas y sigo ahí, atento, después de que apagan las luces del *set*...

Hasta aquí, ya te conté quién es quién en esta jugada maestra de la actuación, qué factores vas a necesitar trabajar, y cómo y por dónde empezar a formar equipo. Si ya eres actor o actriz con cierta experiencia, espero que este capítulo te haya ayudado a refrescar conceptos y a recordarte que solito o solita no vas a pasar al siguiente nivel. Si eres principiante, ojalá hayas tomado buena nota y comiences a ver tu aventura en el mundo de la actuación como si fueras banda de *rock*: sin el baterista, sin el tecladista, no vas a sonar. Es más, busca a tu "quinto *Beatle*", ese que ni aparece en el escenario... porque el quinto siempre existe, aunque nunca se le ve en fotos ni sale en la pantalla.

VERDAD #6
VAS A NECESITAR TU PROPIA FAMILIA

"Rodearse de gente buena, leal, que haga su trabajo con cariño, ha sido muy importante para mí. Gente que te sepa decir que no. Que te diga cuando algo está mal. Que esté contigo en las buenas y en las malas. Cada profesional hace su función. Las partes de un motor son solo eso... partes... ¡pero trabajando juntas son una máquina! Mi equipo de años es mi familia extendida y esa lealtad hace la diferencia".

—ENRIQUE IGLESIAS

VERDAD #6
VAS A NECESITAR TU PROPIA "FAMILIA"

"Lo más difícil de ser famoso es que la gente siempre es amable contigo. Estás en una conversación y todo el mundo está de acuerdo con lo que dices. Incluso si dices algo totalmente loco. Necesitas gente que te pueda decir lo que no quieres escuchar".

—AL PACINO

La fama adormece y los halagos desquician. Creo que esta frase es mía, no de ninguno de los legendarios personajes que encarnó Pacino, De Niro o Brando. Fuera de la pantalla (y antes de convertirse en grandes leyendas) he visto a muchos actores estrellarse con muy pocas horas de vuelo. A veces un solo trabajo los hace perder el piso y ya no reconocen ni a su familia. Este detalle es uno en los que más hincapié hago a la hora de trabajar con alguien: ¿tiene ese actor o actriz un pie en la tierra? Por lo menos uno. Y ese pie es, en muchas ocasiones, la familia. No te hablo de una familia perfecta que te ayude a ser perfecto porque eso no existe. Me refiero a la familia como vínculo o conexión al mundo exterior, a la realidad. Me refiero a la claridad que te otorga esa gente que te dice siempre la verdad sin temor a que lo quites del *payroll*, que le dejes de querer o lo prives de tu "magnánima presencia de *rockstar*".

NO TODOS TUS PRIMOS SON UN AMOR

"Dime con quién andas y te diré quién eres". Si hay algún refrán que nunca falla, es este. Cuanto más lo pienso, más importancia le doy a quienes rodean al artista (o me rodean a mí) en esta historia de la vida. Es innegable que quienes están a tu alrededor, en tu día a día, te pueden catapultar hacia tu ascenso a la cima o a tu caída más estrepitosa hacia el más hondo precipicio. Nacemos solos y solos morimos, eso está claro, pero es primordial que entiendas que, como esos virus que tanto tememos hoy día y que nos ha hecho replantear enteramente nuestras vidas, todo se contagia: lo bueno y lo malo; por lo tanto, vas a tener que revisar tus relaciones, tu entorno, cuáles son los familiares y amigos que debes guardar muy cerca y cuáles son los que vas a tener que dejar de ver por un tiempo o bajarle tantito a las visitas, carnes asadas y a la intensidad. Porque no toda sombra nos cobija igual en este difícil mundo de la actuación.

Con estas palabras no te pido que dejes de amar, escuchar o visitar a ese primo o a esa hermana que te trae complicaciones, te roba el tiempo o te inunda de pensamientos pesimistas e historias negativas. Lo único que te recomiendo es que los frecuentes con menos asiduidad y cuando lo hagas no hables de temas trascendentales o importantes para ti. No dejes que su toxicidad entre en tus planes y proyectos. Solo quiérelos tal como son y saca lo bueno de esa visita.

La familia de sangre no se elige, pero igualmente hay que respetarla y amarla. De lo que yo te quiero hablar es de esa otra familia que forjamos con los años y cuyos miembros no necesariamente comparten apellido contigo. Esa es la familia que todo artista necesita para no perderse en el espacio como Sandra Bullock en su personaje de Dr. Ryan Stone. Una familia cuya fuerza sea tu *gravity* para que no te quedes flotando en la estratosfera.

TU MODERN FAMILY

Familia en este loco mundo del entretenimiento son aquellos amigos, mentores y personas que te rodean o rodeaban incluso desde antes de que decidieras calarle a la actuación. Tu *team* fuera del trabajo, el que te mantiene con los pies en el suelo, el que te cuida y le importa más tu salud y felicidad que este o aquel contrato. Familia puede ser una prima que te conoce de toda la vida, un amigo de la prepa a quien no le da pena decirte que te veías mal con ese sombrero o que no les cae bien ese abogado misterioso que te prometió tal y tal porcentaje.

Puede ser tu madre, tu confesora, que no conoce de grandes contratos y regalías, pero sabe "un buen" de finanzas, de ahorros y de cómo no malgastar en payasadas. Familia podría ser tu ex. ¡Sí, tu ex! En ocasiones, nuestras exparejas, si todavía mantenemos una relación civilizada con ellos o ellas, son brutalmente honestas y nos conocen tan bien que no les duele decirnos la verdad.

Como referencia de "exes", te recomiendo veas la relación de Penélope Cruz y Javier Bardem en *Vicky Cristina Barcelona*. Son personajes de ficción, pero tan reales como la vida misma. Otra pareja de exes (en este caso de carne y hueso) son Demi Moore y Bruce Willis, quienes llevan mil años divorciados y todavía celebran sus cumpleaños juntos. Te apuesto que, si a Bruce se le va el avión, Demi es la primera en decirle que aterrice, que esa

Mi familia extendida de México, siempre juntos en las buenas y en las malas. De pie, Mina Salín y Gustavo Matta. Desde la izquierda, Abelardo y Lala, Memo del Bosque y Vina Andrade.

decisión no es la más acertada y que si reacciona de ese modo el proyecto peligra.

¿Y tú? ¿Ya cuentas con una de estas *Modern Families* donde por verdadera amistad o por lazos de sangre puedas confiar a muerte en estos seres? Porque solo no se llega a la Luna.... solo te vas a quedar flotando como la Bullock, dando vueltas en tu órbita.

Una actriz que es mi amiga querida, admirable por conocer el poder de la espera y del apoyo de la familia del *dream team*, lo resume de esta manera:

"Es tu sueño. Hazlo para ti, pero ¡en familia! porque si no tuviéramos con quién compartir los triunfos y las derrotas, sin agendas ni conveniencias, sin expectativas, en total vulnerabilidad y celebración, ¿dónde quedaría la plenitud?".

—CARMEN AUB

¿Y TU MAMÁ TAMBIÉN?

Antes de firmar a un talento nuevo, me gusta preguntarle por su familia y amistades. Incluso intento conocer a algunos de estos personajes si es posible, porque al final firmo con el artista y en el paquete vienen todos: la madre, la amiga, el padre y el abuelo. A mí no me molesta que el artista vea esto como un *family business*, ¡al contrario! Siempre y cuando esa familia que tú te has construído a tu alrededor sea positiva, te apoye, y te diga tus verdades a la cara. Ellos pueden ser mis mejores aliados para ayudarte a llegar a lo más alto, aunque también se dan los casos de "mamagers" pesadillas que lo pueden llegar a arruinar todo.

Cuando digo mamás metiches también me refiero a tíos, cuñados o comadres que en lugar de servir de apoyo al artista se convierten en controladores de su carrera sin tener experiencia ni conocimientos en este complicado campo. Tú ya no eres un bebé para dejarte manipular por tu madre ni tu esposo, así que elige ese *network* familiar con astucia, rodéate de este otro *dream team* que no es parte de la industria, pero que siempre está ahí para apoyarte y verás cómo tu carrera sube hasta alcanzar las estrellas sin necesidad de soltar el pie que tienes bien plantado en la tierra.

VERDAD#7
TU HEADSHOT ES TU PRIMERA BALA

La foto de un actor/actriz debe ser una ventana a su alma. Una impresión en papel de su luz y oscuridad, de la gama de personajes que podrá interpretar, pero también su habilidad de ser un lienzo en blanco donde el director pueda imaginar el personaje que busca. El retrato de un actor/actriz muestra que es único o única.

—FERNANDA CASTILLO

TU HEADSHOT ES TU PRIMERA BALA

"Una imagen vale más que mil palabras".

"Joe, me están pidiendo *headshots* y no sé qué enviarles," me preguntó un día Gimena Gómez, una de las actrices estelares de *Falsa Identidad.*

Gimena y yo llevamos trabajando juntos muchos años y me ha tocado conocerle sus mil y un rostros. A esta joven mexicana camaleónica la pintaron de pelirroja para una serie de MTV, luego de rubia en *La Bandida* y en *El César*; en *Falsa Identidad* regresó a su color castaño oscuro. A lo que nos dimos cuenta teníamos decenas de imágenes de todos los colores y sabores. ¿Cómo elegir el *headshot* acertado entre tanta variedad?

"Mira, Gimena, los tres pelos te han dado de comer, así que creo que necesitamos fotos profesionales de todos esos *looks*".

Los directores de casting, aunque tienen gran visión y casi siempre saben lo que quieren, suelen quedarse con la primera impresión de lo que ven y no pensar más allá de ese *headshot* que reciben por e-mail antes de conocer al candidato o candidata en persona (o por video pregrabado) cuando llega el momento de la audición. Sin querer se pueden cerrar a una idea y no ver que la morena puede ser la rubia que buscan o el greñudo puede ser el calvo que necesitan para la nueva producción. Con Gimena nos pusimos manos a la obra y cada vez que la mandaban a la peluquería, aprovechábamos para que se hiciera fotos serias y profesionales que luego agrupamos en un solo *composite* o *collage*. Esta joven veracruzana es una de estas afortunadas que no importa el color de cabello que le pongan parece morena natural, güera natural o pelirroja natural. Es el claro ejemplo de la famosa frase "un artista debe ser un canvas en blanco".

¿Y por qué nos tomamos la molestia de confeccionar unos *headshots* tan variados y elaborados de la siempre cambiante Gimena? Porque esa primera foto es nuestra primera bala. En la era del video, de las redes sociales y de la tecnología, el *headshot* sigue siendo lo primero que quieren ver a la hora de considerar a un artista. Igualmente, es lo primerito que tienes tú que tener *ready* para enviarlo con un simple *clic* a quien muestre interés.

Los famosos *headshots* o retratos siguen siendo tu primera llave para captar la atención y tocar puertas como actor. Vas a necesitar esta sencilla herramienta incluso antes que tu *demo reel* o tu c.v., y es relativamente fácil de obtener. En pocas palabras: el *headshot* sigue siendo el *headshot* y vas a tener que invertir en él y planearlo a conciencia. Y aquí te voy a guiar cómo hacerlo.

¡EL HEADSHOT NO ES TU SELFIE!

Para las nuevas generaciones tengo que advertir, antes de entrar en materia, que un *headshot* es lo más lejano al *selfie*. Un *headshot* no es frívolo, es una ventana a tu esencia como persona y como artista. Por eso debe ser extremadamente natural, para que quien lo vea pueda tener una pista de quién eres y cómo eres.

Olvídate de poner cara trompuda, mirada de Kardashian o filtros de cara pálida como Geisha, porque estos retratos profesionales no son fotos de modelo, valga la aclaración. No te estás postulando para un concurso de belleza ni de reina de Instagram. Tampoco necesitas tener miles de *headshots* como los miles de fotos que subes a diario a tu Facebook. Con tres te

Con esta foto de la izquierda que me robé de un "shoot" de Fanny Lú, conseguí el primer trabajo internacional para Jeimy Osorio (Foto: Bruno Olvez).

bastará, dependiendo de la naturaleza del trabajo al que estés aspirando.

A TODO COLOR

Curiosamente, aquella vieja costumbre de hacer los *headshots* en blanco y negro ya no se estila. Yo creo que lo hacíamos porque antes había que imprimirlos, enviarlos por correo y las copias a color costaban una fortuna. Hoy en día todo se distribuye electrónicamente y los profesionales prefieren verte a todo color, sin exagerar, obviamente.

LAS OTRAS REGLAS DEL BUEN RETRATO SON RELATIVAMENTE SENCILLAS:

- **Debe ser *close up*, frontal o semifrontal con tu mirada de frente.** Puedes dirigir un poco tu nariz hacia un lado, pero tu mirada deberá mantenerse fija en la cámara.
- **Tu gesto debe lucir auténtico y relajado.** Aléjate de las poses forzadas o muecas acartonadas. Lo ideal es que experimentes entre cara seria a media sonrisa, evitando ambos extremos (el del enojo y el de sonrisa de oreja a oreja).
- **Olvídate de extensiones, pestañas postizas exageradas, maquillaje muy obvio o llamativo.** Recuerda que este retrato debe ser lo más semejante a ti cuando te conozcan en persona.

- **Olvídate del *photoshop*.** Si el director de casting sospecha que retocaste la foto, la va a tirar a un lado. No tienen tiempo para ir imaginando cómo eres en verdad. Además, es muy deshonesto cambiar tu semblante por pura vanidad. Puedes retocar alguna pequeña sombra u ojera, puedes hacerle *photoshop* a algún pelo que te quedó parado como antena, pero jamás puedes alterar tus rasgos, tu nariz, tus labios, tus ojos, tu peso. Tú eres tú y te quieren ver a ti, no a la prima de la Kylie Jenner.
- **No te peines y repeines,** deja tu cabello un tanto natural, casual, que no parezca que vas a una boda.
- **Joyas: ni una.** Ni aretes chiquitos ni cadenas al cuello.
- **Vello facial: si la barba es lo tuyo, déjatela**, especialmente hoy en día que se estila tanto el personaje varonil de novela turca. Córtala el día de antes de tu sesión de fotos, déjala arreglada, definida y perfecta. Olvídate de esa moda tan *hipster* de "leñadores urbanos" con barbas de Santa Claus. Tampoco te dejes sombra de tres días. O tienes barba tupida o mejor te rasuras completamente.

Del bigote te diré lo mismo: si vas a lucir mostacho en un *headshot,* hazlo de manera rotunda, elegante, que se note que el bigote es parte de tu esencia, no de algo temporal o postizo. Solo ten presente que el vello facial te añade años. Los jóvenes se quieren ver viejos y los viejos, jóvenes. Juega con esto y hazte fotos con ambas opciones: con y sin bigote, con y sin barba. Nunca sabes si buscan pirata o abogado, aunque hoy en día los abogados parecen piratas tatuados y los piratas van camuflados de licenciados.

A mí me sucedió recientemente con mi cliente James Hyde. Sus *headshots* daban imagen de hombre apuesto y casi me lo rechazan para un papel donde requerían a un personaje "madreado" por la mala vida. Tuvimos que reaccionar con velocidad, llamar a un caracterizador profesional, ponerle barba y enviar las nuevas fotos. Provocamos una transformación visual con James Hyde, nuestro actor norteamericano que sale en *Monarca,* de hombre guapo exmodelo Versace a Marlboro Western Man.

James Hyde. Actor, eres un canvas en blanco y tu headshot no determina tu metamorfosis como actor.

Tal parece que el pelo hace a los guapos feos y a los feos guapos, a los malos buenos y a los buenos malos. Y todos encuentran chamba en este oficio. ¡Experimenta frente al espejo y guarda siempre un *headshot* con y otro sin! Tal vez te vea en la próxima versión de El Zorro o de "galán a la turca". Así es **la magia del vello facial...**

- **Género no binario.** Para todas nuestras artistas pertenecientes a todas y cada una de las categorías no binarias, mi consejo a la hora de realizar sus *headshots* es muy simple: déjame ver quién eres tú sin maquillaje y con el cabello que usas a diario. No le temas al lente. El director con visión sabrá apreciar las infinitas posibilidades que el canvas de tu rostro le ofrece. Luego siempre puedes hacer otro *set* de fotos con aquel *look* con el que más te identificas y guardarlas en la cartuchera. Nunca sabes cuándo las vas a tener que disparar. Piensa Ru Paul y acertarás. Es el claro ejemplo de cómo maneja sus diferentes imágenes con igual naturalidad, sin temor a mostrar su *look* más básico de manera orgánica.
- **La ropa:** prohibido todo estampado o playeras con logos o letras. Elige colores atemporales, básicos, como tonos arena, azul marino, o rojo. Evita el blanco y el negro porque la cámara no los plasma muy bien.
- **El fondo tras de ti** debe ser liso, genérico e indefinido, sin cuadros ni muebles ni flores ni nada

llamativo. Tu rostro tiene que ser el centro de atención, no el jarrón de la abuela detrás del piano ni las bugambilias del jardín de tu vecino.

- **El único complemento** que necesitas para la foto es tu autoestima. Durante la sesión, muéstrate seguro y segura de ti misma. Acéptate. El lente es muy astuto y no se le puede engañar. Lo capta todo. Por eso, durante esos minutos, créete lo máximo, valórate, quiérete, aunque luego te derrumbes. Durante tus momentos frente a la cámara, *act your part*, haz tu papel de artista y cómete el mundo con aplomo, calidez y seguridad.
- **Sigue las direcciones de tu fotógrafo.** Déjate dirigir, que para eso eres actor o actriz. Zapatero a tus zapatos; escucha al profesional que tienes frente a ti.

¿COMPOSITE O HEADSHOT?

No es lo mismo peras que manzanas y por eso te voy a explicar algo que probablemente ya sepas, pero que debemos repasar. El famoso *composite*, esa hoja 8x10 donde incluimos varias fotos y los datos básicos de la persona, se estila mucho en el mundo del modelaje. En las tres o cuatro fotos que caben, mostramos diferentes perfiles y *moods*, e incluso una foto de cuerpo entero y otra de plano medio.

Si lo que estás buscando es trabajo de actor, vas a tener que recurrir al *headshot* clásico o única foto de *close up* del que ya te hablé y expliqué los detalles. Si solo envías tu *composite* te vas a ver muy amateur.

La opción que te recomiendo es que trabajes en serio en tu *headshot* y, luego, cuando lo envíes, incluyas también tu *composite* para que te vean de pies a cabeza. Solo asegúrate de que todas las fotos son de la misma calidad y resolución y que en ninguna salgas demasiado sexy ni demasiado agresivo, ni demasiado exótico ni demasiado recargado. Menos, es más.

INVIERTE EN UN BUEN FOTÓGRAFO

Yo que siempre te digo que no gastes en tonterías, aquí te aconsejo lo contrario: abre la cartera. Los *headshots* no son una tontería. Invierte en un buen fotógrafo y no te arrepentirás. Pregunta a tus amigos actores, investiga en Internet y elige al fotógrafo que tenga trabajos de calidad en su página. Si es muy caro, contáctalo o contáctala con educación y explícale que eres principiante. En muchas ocasiones, grandes profesionales acceden a trabajar por la mitad si el cliente les causa una buena impresión.

A la hora de elegir a ese profesional, también debes tener en cuenta que hay fotógrafos expertos en moda, otros en editorial, otros en bodas y quinceañeras. Todos son igualmente talentosos, pero no te dejes llevar por lo que te cuentan. Si no son especialistas en retratos, no contrates sus servicios. Vete con el experto en *headshots* para actores y no le des más vueltas. Los especialistas en *headshots* son fotógrafos de carácter, saben plasmar tu identidad, no tu glamur ni tu belleza.

También, recuerda que lo barato sale caro. Si te vas con un profesional que no sabe, pero que te cobra poco, el resultado no va a estar a la altura. Como te dije, no es momento de experimentar, vete a lo seguro, paga un poco más y llévate a casa algo de calidad con lo cual puedas impresionar a ese productor o agente que ve decenas de *headshots* al día y que sabe reconocer una foto de calidad. Recuerda que la primera impresión es la que cuenta.

¿DESTACAR O SEGUIR AL REBAÑO?

En el arte y en el entretenimiento, destacar es parte del éxito, pero te informo que en tu *headshot* no queremos experimentos ni que te pongas a inventar el hilo negro. Limítate a entregar el *headshot* clásico, el que todos esperan, porque no estás enviando tu foto para una campaña de Calvin Klein.

Cuando vayas a tu sesión de fotos para el *headshot*, hazte el retrato clásico. Posa para varias fotos con tres cambios de ropa y tres peinados o estilos y ya no le des más vueltas.

El problema con intentar destacar desesperadamente es que te encasillas en "el raro" o "la atrevida" y tú no sabes si ese productor o esa directora buscan una madre recatada como Reese Witherspoon en *Little Fires Everywhere* o un maestro aburrido y gris como Bryan Cranston en *Breaking Bad*. Deja que sean ellos los que te pongan la etiqueta, no tú.

¿Y AHORA QUÉ?

¡Ah! ¿Ya tienes tus *headshots* profesionales a todo color en los que se refleja tu esencia? Ahora tienes que empezar a tocar puertas hasta que se te borren los nudillos. Bueno, hoy en día sería más bien: ya puedes empezar a enviar tu fotografía por e-mail hasta que se te borre la huella digital del dedo de tanto oprimir el "*enter*". Envíala con tu c.v. y ojalá (si ya lo tienes) puedas incluir la liga de tu demo y tu IMDb.

Puedes estar seguro de que si tus fotos cumplen con los estándares de la industria te sentirás muy bien. Habrás dejado una muy buena impresión profesional. Al final, eso es lo que cuenta, porque cada paso, por chiquito que sea, te acerca más a tu destino, a tu sueño.

VERDAD #8
TU VERDADERO TRABAJO ES AUDICIONAR

"Emerger es una palabra que implica esfuerzo, pero qué bonito y emocionante es luchar por algo que uno sueña y que nace de una prueba, de una oportunidad. Solo que el camino y proceso de audicionar debe ser 'forzosamente' excitante".

EVA LEIRA Y YOLANDA SERRANO

VERDAD #8
TU VERDADERO TRABAJO ES AUDICIONAR

"Nunca he tenido problema alguno con el
rechazo, porque cuando entras en una audición
estás rechazado de antemano".
—ROBERT DE NIRO

A ver, dime algo en inglés—. Le pidió la directora de *casting* a mi artista.

Normalmente los mánagers no vamos a las audiciones, no somos *babysitters* ni guardaespaldas de nuestros clientes, pero en esa ocasión yo estaba ahí, en los estudios, por otra cita, me pidieron que me quedara y acerté a escuchar la incómoda conversación.

– ¿Cómo? – Respondió el actor, totalmente desorientado–. No, no me he preparado nada en inglés.

– OK, dime algo con acento norteño, como el papel que hiciste en tu última teleserie– Insistió medio molesta la directora al ver que no lograba hacer que el muchacho le demostrara otros registros improvisados.

– No, no, es que yo solo me preparé la parte que me enviaron por *e-mail* y así en frío no puedo–. El actor sacó del bolsillo el papel doblado y lo revisó, nervioso.

– Dale–, indicó la mujer resignada.

A los treinta segundos de haber empezado su interpretación, el artista se detuvo y exclamó:

– Paren, paren, corten. Un momento, me equivoqué, denme *chance* de empezar de nuevo.

– Mira, hijo, aquí la única que detiene un *casting* soy yo, así que gracias y hasta la próxima –. La directora, furiosa, barrió el piso con él.

Yo, en las sombras, quería que me tragara la tierra. ¡Si algo es mortal en un *casting* es que el actor dé órdenes al equipo! Lo único que podía recordar, mientras veía a mi artista salir derrotado del foro, era otra escena gloriosa de *Paquita Salas*, en la cual *Paquita* quiere a toda costa que la famosa *Violeta*, directora de *casting* de renombre en Madrid, le permita audicionar por sorpresa y sin cita a su nueva actriz, en plan emboscada. *Paquita* le dice: "Violeta, que la chica te va a encantar". Y *Violeta* le responde: "¿sabes lo que me encanta a mí? Los perritos calientes".

A los directores de *casting* les han adjudicado fama de tener poca paciencia. No los podemos culpar. Hay días que tienen que ver a cientos de seres en persona o por Zoom, una tras otra, cada cual, con sus sueños, cada cual con sus ideas y su fe y sus esperanzas de que el papel es para ellos y para nadie más. Estos profesionales están bajo mucha presión por parte de la empresa productora, del director, del canal o la plataforma. Son humanos, están cansados, tienen problemas y deben pintar su raya. Todos los demás involucrados en el proyecto opinan igualmente, meten su cuchara, pero son ellos, los *casting directors*, los que al final tienen que dar la cara y decir que no a tantos y tantos artistas que se merecen el papel, que trabajan duro y que son igualmente talentosos.

¡Qué bonito y emocionante es luchar por algo que hace de una oportunidad solo el camino! Los eternos estudiantes saben que hay que aprender de los maestros. Master class con Yolanda Serrano y Eva Leira. Estamos con Julieta Grajales, Carmen Aub y Scarlet Gruber.

"Voy a citar a Philip Seymour que decía que cada vez que vamos a una audición con algún director que ha invertido dinero en un equipo para grabarnos, lo único que tenemos que hacer es ponernos frente a la cámara y divertirnos. Los actores tenemos el gran pretexto de hacer lo que más nos apasiona, que es actuar", dice el actor Raúl Méndez en cuanto al *casting*.

Ser director de *casting* no es un trabajo sencillo. Por ello es tu obligación "ponérselo fácil". Lo tuyo es llegar preparado con lo que te asignaron y también preparado o preparada para improvisar, para ser suave, fluir, capaz de crear y dejar una impresión tan agradable que esa persona que lleva seis o más horas sentada en esa silla diga: "Hey, ¿quién era esa chava que acaba de entrar?".

Piensa que, si el director pasa meses buscando el rostro para uno de sus personajes, tú, como artista, vas a pasar meses buscando a esos directores y sus papeles igualmente. En promedio, un actor o actriz le dedica más tiempo a audicionar que a trabajar, hasta que alcanza cierto nivel o reconocimiento. Una película puede ser de uno a tres meses de trabajo; luego vuelves a empezar y regresas a la rueda de los castings.

Si tienes la suerte de conseguir un papel recurrente en una teleserie de esas que producen mil temporadas, podrás trabajar de tres a seis meses al año. Aun así, los otros meses restantes, ¿adivina qué harás? ¡Audicionar para futuros proyectos! Y si no te gusta este ritmo de trabajo, apaga y vámonos; mejor te buscas otra vocación, otra carrera. ¡Porque hasta Kate Del Castillo hace *castings* para algunos papeles!

"Cuando se hace un un casting, el actor o la actriz siempre se juzga por haberlo hecho mal o se vanagloría por haberlo hecho bien. Eso es puro ego porque al no saber lo que en realidad quiere el director de casting, sufrir o empoderarse no sirve de nada", dice Coco Levy.

PIEL GRUESA

Si tu trabajo es audicionar, tu otro *part time* va a ser la infame *rejection*. Vas a tener que lidiar con el rechazo como lo hace el mismísimo Robert De Niro; te vas a tener que acostumbrar al "no" como parte de tu vida diaria sin permitir que eso te inmute. Si tienes *thick skin*, piel gruesa, como dicen en inglés, no te será difícil ponerte la coraza y acostumbrarte a los golpes. Si eres sensible y de piel finita, prepárate, vas a tener que comprar cremas vale madre y aplicártelas de pies a cabeza. Trabaja el ego y la humildad, medita, ve a terapia, reza, salta de un bungee, escala una montaña o haz lo que quieras, pero aprende a no tomarte personales las negaciones de un *casting*.

Aunque parezca que lo que están rechazando sea tu persona, la decisión que tomaron de no elegirte no es personal. Al final del día nada es personal en este mundo, como bien nos dice el doctor Miguel Ruiz en *Los Cuatro Acuerdos*. Suena a contradicción, pero no lo es. Cuando no te escogen para un papel, lo que rechazan es la posibilidad de que tú seas el rostro ideal para ese personaje en específico. No te están diciendo que eres mal actor o actriz, que no vales o que no te quieren. De hecho, no sería la primera vez que un director de *casting* rechaza a una actriz y meses después se acuerda de ella para otro papel y la manda a llamar. Su decisión inicial nada tuvo que ver con el rollo personal, simplemente no era tu momento o no diste el perfil en esa ocasión.

Recuerda: lo que es para ti nadie te lo quita y si no te lo dieron es que nunca fue tuyo.

LA VITAMINA N

Como dijo George Clooney antes de entrar a un *casting*: "lo peor que podría pasarme sería salir sin un trabajo que tampoco tengo ahora". A lo cual yo respondo: ¡Bravo, George!

Tú, como Mr. Clooney, seguro que puedes entender que una negativa no es el fin del mundo. Pero, cuando te han rechazado en veinte castings, ¿cómo seguir? ¿Cómo no derrumbarte? ¿Cómo mantener tu autoestima y tu ego intactos?

La solución está en el mismo problema: en el *no*. Ese *no* debe ser tu aliciente, tu alimento, lo que yo llamo **la vitamina N**. Tienes que ser tan obsesivo compulsivo y tan insistentemente persistente que cada *NO* te catapulte hacia más arriba. Que cada negación te haga sentir más cerca del sí. Que cuando te digan *no*, tú escuches "no ahora, vuelve mañana".

Siempre lo digo: los que sobresalen en el mundo, en cualquier profesión, son los seres medio locos y poco racionales que van por metas que para la mayoría parecen descabelladas. A eso le debes sumar que la carrera que elegiste es muy inestable y competida. Tu autoestima la tienes que traer bien puesta. Si no te eligen en un *casting*, levanta la cabeza, déjalo ir y sigue adelante. Trata de procesar ese *no* como una oportunidad para analizar tu desempeño e identificar lo que puedes cambiar para la próxima.

¿POR QUÉ YO NO?

Ya te dije: no es personal. Muchas veces no se trata del talento, pues hay muchas otras variantes como la edad, aspecto físico, corporalidad, estatura, tono de piel y el perfil en general que buscan. De la mano de tu equipo, debes estar claro a qué papeles puedes aspirar, según tus rasgos y fisonomía, tu edad y tu preparación. Si no tienes ni idea de Kung Fu ni eres de facciones asiáticas, no esperes que te elijan en un *casting* para la nueva película de *El Pequeño Saltamontes*.

Antes de ir a esa audición, piénsalo bien: ¿entras en el perfil que describen? Si no, ahorra tu tiempo y el de la agencia y no vayas, a no ser que creas que tienes un as en la manga y los vas a dejar patidifusos y anonadados con tu versión diferente y personal para ese personaje. Buena suerte, porque de esos intentos kamikazes en los que buscan una gordita, pero tú llegas flaca y los convences de que el personaje resultaría más divertido y cómico si fuera flaco, solo uno al año sale bien.

¿QUIÉN, CÓMO, CUÁNDO, DÓNDE?

Es el secreto mejor guardado, el misterio de los misterios por el cual los actores se desviven. Es el factor que, si lo posees, ya tienes casi un pie adentro de la producción: es saber quién está convocando *casting*, para qué específicamente y cómo y cuándo debes presentar tu propuesta por video o acudir en persona (dependiendo de cómo lo soliciten).

Para enterarte de ese mágico "quién busca actor", "cómo lo quieren", "cuándo es el *casting*", y "dónde voy o dónde lo envío", vas a tener que enfocarte en estos puntos clave:

1. **Firmar con mánager y/o agente.** Son ellos los que, por profesión, reciben la información directamente de las productoras para los *castings* oficiales.
2. **Crear un excelente *networking* con colegas.** Entre actores, directores, productores, camarógrafos y hasta encargados de maquillaje, la información va que vuela. No todos compartirán detalles de *castings*, pero muchos te brindarán una mano y te pasarán datos muy valiosos si logras ser parte de su mundo y te ganas su confianza.
3. **Redes sociales.** *Facebook* e *Instagram* son esenciales. Sigue a los directores de *casting*, a las plataformas, a las agencias, a las compañías de

producción grandes o pequeñas. Especialmente en *Facebook*, personas de la industria anuncian gran cantidad de convocatorias y audiciones.

4. **Inscribirte a páginas y agencias *online* especializadas en *casting*.** Especialmente en Estados Unidos, el tema de audiciones funciona completamente por plataformas de Internet. Los artistas y sus mánagers se suscriben a *Casting Networks, Breakdown, Backstage* o *Actors Access*. Se paga cuota mensual o anual; en algunas debes tener representante para que te acepten y te envíen la información periódicamente de los *castings* a los que puedes aspirar según tu perfil.

Para terminar de revelarte "el secreto más obvio" que muchos pasan por alto, te diré que IMDbPro es otra excelente manera de acceder a esa información que vale su peso en oro. Como sabrás, IMDb es una base de datos con más de 80 millones de subscriptores creada en 1990 y con presencia *online* desde 1993. En ella se almacenan perfiles de actores, productores, directores, editores, agentes y de cualquier otro profesional relacionado con el mundo del cine, televisión, videojuegos y hasta programas *online*. IMDb, la cual nombro a lo largo de todo este libro, tiene que ser tu biblia para todo: para investigar a posibles representantes, productores o compañeros actores. Igualmente, tú debes tener tu propia cuenta en este sistema en la que se mencione tu biografía y los proyectos en los que has participado, sean grandes o chiquitos.

IMDb es gratis y abierta al público. Pero si te inscribes y pagas cuota podrás acceder a más detalles sobre los demás profesionales del medio, como sus *e-mails* o formas de contacto. Lo más importante: verás si anuncian sus *castings*. Con un solo *clic* podrás enviarles tu perfil y en un segundo verán tu trabajo.

Por supuesto que también puedes aspirar a lo que llaman *open castings*, esos que se anuncian en publicaciones o abiertamente en redes sociales y en los que no tienes que estar inscrito a ninguna agencia o servicio *online* ni tener representante. La cuestión es que vas a tener que ponerte las pilas, tengas o no tengas equipo, agente o representante, porque al final del día nadie va a obtener más castings que tú con tu insistencia y persistencia.

IN PERSON

Con el tema reciente de la pandemia, los pocos *castings* que quedaban en persona se han visto reducidos prácticamente a cero. Ahora los directores de *casting* solo te ven la carita en persona en *callbacks* puntuales para decidir elencos finales, si es que tuviste la suerte de pasar a la segunda ronda. En estos *castings* presenciales, al menos por ahora, implementan toda clase de precauciones, como escenas en las que los actores no se tengan que acercar el uno al otro, para mantener los seis pies de distancia. ¡Cómo nos ha cambiado la vida a todos! Lo que no ha cambiado es la seriedad del momento: si eres de los que citan para una audición presencial, vas a tener que llegar con toda la artillería y contagiarlos con tu arte, no con ningún virus extraño. Y eso solo lo vas a lograr si vas preparado o preparada. Ir preparado o preparada a una audición no significa ir con las líneas memorizadas. Hay mucho más en lo que debes trabajar de antemano para que el toro no te agarre por sorpresa como le agarró a mi artista a quien le pidieron que improvisara algo en inglés.

Estos son algunos de los puntos en los que tienes que pensar y tener muy presentes antes de acudir a tu *casting* **presencial:**

- **Debes ser puntual.** Llega siempre quince minutos antes de la hora pactada.
- **Lleva tus** *headshots 8 x 10 a color* **y currículum** actualizado impresos para entregar. A los directores les encanta tener la copia en papel a pesar de que ya les enviaste copia digital.
- **Viste de preferencia colores sólidos** si no te dieron instrucciones específicas del personaje.
- **No uses perfume, apaga tu celular, no llegues acompañado** (a menos que seas menor de edad) y lleva tu letra aprendida.
- **Muéstrate amable y correcto,** pero no trates de tener cercanía empalagosa con los directores en el foro; dales su lugar.

- **Aprende a escuchar y sigue instrucciones.** Si te piden que lo repitas alegre, repítelo alegre, si te piden que lo repitas enojado, repítelo enojado y deja a un lado tus ideas preconcebidas sobre el personaje. Escucha las direcciones que te dan y recuerda que escuchar es algo más que oír.
- **No discutas con el director de** *casting* y le insistas que el papel es para ti y que tú eres el candidato perfecto. No le digas lo que tiene que decidir.
- **Ve preparado para improvisar.** El actor, actor es, y debe tener la capacidad para sacarse de la manga lo que le pida el director de *casting*. Ya sea cantar, bailar o tirar patadas al aire. Debes saber improvisar e incluso tener ya un monólogo de presentación para cuando te pregunten: ¿nos podrías dar tu nombre y decirnos algo de ti?
- **Jamás detengas un** *casting* **en proceso.** Si te equivocas, sigue. No pierdas el ritmo, no cortes y hagas perder el tiempo a todo el equipo. Recuerda que solo corta el director. Al terminar, muy amablemente, puedes pedir que te permitan repetir la escena si consideras que lo puedes hacer mejor.
- **Tu seguridad va a ser básica.** Los nervios son humanos. Los nervios son buenos, pero vas a tener que aprender a controlarlos. Con meditación, con deporte, con un *coach*, con oraciones a la Virgen, amuletos o llamando a tu madre antes de entrar a

la prueba. Lo que tú elijas, pero tienes que manejar tus nervios de manera positiva.

- **No estudies solo tu parte.** Apóyate en tu *coach*, colegas o simplemente un amigo que te dé la réplica. Apréndete la réplica también y verás cómo tus frases te salen mejor.

TE VEO EN VIDEO

¿Que me la juego en un video de dos minutos que yo mismo me tengo que grabar en la sala de mi casa? Obviamente que eso da terror a cualquiera. Hoy en día, no es muy necesario que te lo diga; el 90% de los *castings* se hacen enviando video *online*. Es el llamado *self tape* o auto-grabación. Este video totalmente casero es cada vez más útil como un filtro antes de un *call back* por *Zoom* o *casting* presencial.

Con el *self tape* surgen otros retos, otros requisitos diferentes al de los *castings* presenciales y tendrás que desarrollar otro tipo de *skills*, de habilidades. Vas a tener que ingeniártelas para pensar cómo hacerlo memorable, cómo impactar a distancia, con la frialdad de una simple grabación frente a una pared en blanco y en la soledad de tu recámara.

Precisamente para que ese video quede perfecto y transmita su mensaje al destinatario (el director de *casting*), aquí te señalo algunas ideas y consejos que puedes tener en cuenta antes de prender tu camarita y darle al botón de grabar:

- Cada actor debe hacerse responsable por tener sus herramientas para la batalla. Lo ideal es una cámara digital con trípode, una luz frontal, y un micrófono inalámbrico. Ahora también hay disponibles a muy buen precio *kits* de micrófono, luz y tripié que puedes acoplar a tu celular para utilizar la cámara de tu teléfono.
- La luz siempre tiene que ser frontal. Una de esas luces circulares (*ring lights*) sobre la cámara o teléfono es todo lo que necesitas. Evita ponerte con una ventana u otra fuente de luz a tu espalda porque te dará contraluz.
- El sonido tiene que ser limpio. Sin perros ladrando por el fondo, niños, martillazos ni carros acelerando ni ruiditos del cable del micrófono ni interferencias. Aunque se trate de videos caseros, el audio limpio, sin interrupciones, te dará un nivel muy profesional.
- La réplica de tu *casting* es crucial. Que la persona que te la dé no se escuche mucho ni aparezca en pantalla.
- Si no tienes con quien grabar la escena, graba tu voz en off y date tu propia réplica. Sí es posible, pero requiere de práctica en el *timing*.
- Usa siempre pared blanca o gris como fondo, sin distracciones de cuadros, floreros o muebles.
- Si usas tu teléfono, posiciónalo de manera horizontal. ¡Siempre!

- En ropa y maquillaje: sigue instrucciones del personaje. Si no te dan ninguna, como te indiqué, opta por poco maquillaje, cabello natural, ropa de colores sólidos y no uses ningún accesorio.
- Tu actitud es tan importante o más que todo lo demás. Muéstrate relajado o relajada. Con seguridad. Que vean que disfrutas con el trabajo. No hay nada más atrayente y convincente que alguien que se apasiona y es feliz con lo que está haciendo.
- La duración del video te la dictará el texto que te envíen para interpretar. Limítate a grabar lo que te piden y no incluyas nada de cosecha propia ni sorpresitas al final. Cíñete al texto y adiós.
- Envía el video por *Dropbox* o *Wetransfer*, según te lo indiquen. No lo envíes por otro sistema que ellos no te hayan mencionado. Piensa que tienen cientos de *files* que bajar y no van a perder el tiempo en abrir cuenta en otra plataforma o transferir tu *clip* a otro sistema solo porque eres tú.
- Recuerda que el *casting* les pertenece. Por *copyrights* y confidencialidad no es tuyo desde el instante que lo grabas; por ende, no lo puedes publicar en tus redes o YouTube.
- Presta atención a instrucciones y detalles, como si te piden que des tu nombre al final o al principio, si tienes que incorporar una "chaqueta" o gráfica con tus datos, etc. No peques de original cuando no lo tienes que hacer.

En la entrega de un *casting online* entran en juego todos estos elementos que te acabo de mencionar. Los videos que no reúnen las condiciones debidas muchas veces no pasan el filtro de calidad y al final ni siquiera los muestran en la junta que examina las pruebas.

Otro detalle que hace muy felices a los directores de *casting* es que aparezcas si te eligen para el famoso *call back*. Te sorprendería saber cuántos artistas no llegan a esa segunda prueba por falta de comunicación con sus agentes, por falta de interés, por salir de viaje sin avisar, por falta de organización o de ganas. ¡Quién sabe! En estos casos, las consecuencias suelen ser fatales para todos: para el mánager, para el director de *casting* que queda muy mal frente al productor y, por supuesto para ti, que te morías de ganas de trabajar con ese director que ahora piensa que eres un *flake*.

Si llegas a ese otro *casting* en persona, tras haber enviado tu *self tape*, y pones en práctica estos consejitos de sentido común que te he ofrecido, piensa que ya tienes más de media batalla ganada. O... tal vez la victoria ya es tuya y solo te falta poner tu bandera.

Sea como sea, desde estas líneas, y como dicen en el teatro, yo te envío mucha "mierda" para cada uno de tus *castings* a partir de hoy. Que la "mierda" y la preparación te acompañen en este otro trabajo esencial para todo artista: audicionar.

VERDAD #9

TU LOOK IMPORTA. ¡PERO NO COMO TÚ CREES!

"El físico no te limita para audicionar, al contrario, si te dieron la audición es porque te quieren. Los *casting directors* están de tu parte y quieren ser ellos los que te "descubran". ¡Afortunadamente siempre habrá personajes para todo tipo de actor, con el físico y la edad que sea! A mí en lo personal me gusta estar en un peso constante en el que pueda subir o bajar de peso si es que mi siguiente personaje lo requiere. Me gusta estar "lista" para lo que se necesite. De las partes que más me gustan de ser actriz es el poder cambiar físicamente y jugar con mi físico, juego a ser otra. Me doy la oportunidad de verme completamente diferente y eso me hace divertirme más con cada uno de mis personajes y, además, entro en "personaje" más fácil cuando no me "veo a mí" en el espejo".

—KATE DEL CASTILLO

VERDAD #9
TU LOOK IMPORTA. ¡PERO NO COMO TÚ CREES!

"Mujeres, no se preocupen por su apariencia. Lo que te hace diferente o extraña es tu fortaleza".

—MERYL STREEP

Recuerdo como si fuera ayer cuando finalmente logré llevar a mi compatriota Adamari López a trabajar a México. Muchos colegas del medio artístico me tacharon de insistente (por no decir latoso). Para mí, insistir es parte de mi chamba, así que nunca me ofenderás si me llamas persistente. En esta y muchas otras carreras, no hay otra manera de conseguir nuestras metas más que persistiendo y siguiendo lo que te dicta tu instinto. Y mi instinto me decía que la chiquitica Adamari era todo lo que México necesitaba, a pesar de que estaban de moda las mujeres altas, flacas, de piernas largas y con pechos grandes.

Por esos días, las únicas que trabajaban eran las que parecían "Barbies", desde Laura León y Lina Santos hasta Paty Manterola. Con todo respeto a ellas (y a tanta belleza y talento), no podemos negar que Televisa, la meca de las grandes producciones para toda Latinoamérica y resto del mundo, se inclinaba por las mujeres espigadas y de medidas casi de pasarela.

Y yo, dale que dale, con Adamari en la mira. Insistentemente persistente. Nuestra Ada preciosa, chaparrita y con curvas naturales. Puertorriqueña, desconocida, y tierna en este negocio. Gracias a Dios, se mezclaron dos factores fabulosos y mágicos en esta aventura: yo, un sagitario atrevido, y ella, una joven todavía llena de inocencia y esperanza. Tuve que tocar tantas puertas que casi me quedé sin nudillos, pero al final conseguí que permitieran a mi niña medirse con los más grandes. ¡Y logró dar la talla! ¡En todos sentidos! Aunque no sucedió de golpe. Como en toda buena historia, la victoria llegó después de varios tropiezos.

Un buen día, tras meses de llamadas y mensajes, la eligieron para interpretar a otra pequeña gran mujer: Verónica Castro. Adamari daría vida a la versión joven de la protagonista en la novela *Pueblo Chico, Infierno Grande*. ¡Una chaparrita para otra chaparrita! Hay veces que el Universo, si te ve persistente, lo acomoda todo con gracia y humor. José Alberto (Güero) Castro, hermano de Verónica, fue el productor que dijo "ella es la que buscamos, bienvenida a la familia Televisa".

Desafortunadamente, la alegría no nos duró mucho tiempo, ya que pocos días después de que José Alberto nos confirmara con ilusión que Ada había sido elegida, nos dieron la triste noticia directamente desde las oficinas de administración de la empresa, que Adamari era una actriz "NO CONTRATABLE", por lo tanto, no podría estar en ninguna de sus producciones. ¡Políticas obsoletas de exclusividad y veto que ya no se implementan como antes! A pesar de este amargo golpe, para mí fue un gran logro el hecho de que la hubieran elegido frente a contrincantes como Aracely Arámbula e Irán Castillo, entre otras. Esto me confirmaba que íbamos por buen camino. Yo soy de la convicción de que, si una puerta se abre y luego se cierra, es la clara señal de que otra se va a abrir muy pronto en otro rincón.

La próxima vez que se abrió otra rendija, me colé tan sutilmente que logré conseguir otra audición clave para Adamari. Curiosamente sería otra vez en Televisa. Me enteré de que la productora Angelli Nesma buscaba personaje clave para su telenovela *Sin Ti*. Adamari gustó tanto que se les olvidó que era "no contratable" y se quedó a la primera con el papel de la antagonista, una maquiavélica villana con cara de "yo no fui". Le cortaron el cabello como príncipe valiente y la treparon en cajones de madera para que se viera más alta. Audazmente, en las escenas que debí caminar, solucionamos lo de la altura con el viejo truco de los taconazos. Ada consiguió en Miami unos tacones de plataforma ultra-mega-altos que en ese entonces solo usaban los travestis en sus espectáculos. ¡Y asunto resuelto! La chaparrita ya no era tan chaparrita, y la villana se creció ante los ojos de directores, actores y el público.

Recuerdo que para este proyecto metí dos golazos, pues mi cliente Ricky Martin acababa de sacar su nuevo disco con Sony Music, cuyo tema principal decía: *Vuelve que sin ti la vida se me va.* ¡Enorme casualidad de la vida! Presenté la canción y Televisa la adquirió como *opening* de la nueva novela. Eso es lo que yo llamo matar dos pájaros de un tiro.

Después de *Sin ti*, Adamari ya tenía un pie adentro de la Fábrica de Sueños y entró a la siguiente producción *Camila*. Esta novela fue el gran regreso a la pantalla chica de Bibi Gaytán con Eduardo Capetillo, y Adamari se consagró con el papel coestelar de Mónica.

Con Adamari López y Chayanne

Con toda esta aventura de años de trabajo que aquí te resumí en varios párrafos, quiero explicarte que Adamari fue mi escuela, mi maestra, con la cual aprendí que un buen actor ni es demasiado alto ni demasiado bajo, ni demasiado esto ni demasiado lo otro. Es (y eres) lo que tú les quieras hacer creer. Si no, pregúntaselo a Adamari y sus más de diez novelas exitosas.

TU CARA ME SUENA

Los tiempos están cambiando más rápido que nunca, en gran parte por la explosión de las redes sociales. Todos están en constante evolución y cambio. Por ejemplo, la época en la que se pusieron de moda los galanes de Miami ya pasó hace mucho. Ahora, cuando recibo una llamada de un director de *casting* ¡me piden lo opuesto! "Oye, Joe", me dicen estos profesionales de la industria, "busco caras nuevas, más orgánicas". En pocas palabras, quieren un muchacho latino "real", menos intimidante, con carisma y personalidad, pero que no sea necesariamente el más alto ni el más fornido ni la cara más perfecta. El *Boom* de los actores naturales.

Un excelente ejemplo de la gran variedad que solicitan sería un Luis Gerardo Méndez, de XY y *Club de Cuervos* o *Narcos* y tantas otras teleseries o películas de moda en inglés y en español. Luis Gerardo es un actor versátil, altamente camaleónico y se adapta al personaje con facilidad, al igual que le sucedió décadas antes a Benicio Del Toro. Del Toro es tan imponente que sin decir una palabra te hace creer que es guapo, feo, bueno o malo, según le convenga. Otro que lleva mucho tiempo demostrando que lo interesante en la pantalla no tiene nada que ver con la belleza de concurso es el español Javier Bardem. Bardem, el venezolano Edgar Ramírez, Oscar Jaenada, Demian Bichir, Oscar Isaac, Del Toro o Ismael Cruz-Córdova son actores innegablemente apuestos y muy varoniles, pero no necesitaron ser William Levy para que se les abrieran las puertas de Hollywood.

EL FEO GUAPO

La historia del cine está plagada de estos hombres considerados como "los feos más guapos": Adam Driver, Sean Penn, Robert Downey Jr., Shia Labeouf, Joaquin Phoenix y tantos otros. Desafortunadamente, y con el machismo que todavía impera en muchos sectores, las "feas guapas" no abundan. Al hombre, es cierto, en nuestra cultura y por ende en el entretenimiento (que no es más que un reflejo de nuestra sociedad) se le permite ser feo y todavía galán. A la mujer, en cambio, le exigen más, aunque ahí tenemos a una Meryl Streep, quien nunca ha necesitado competir con Miss USA para llevarse un Oscar. Su belleza es sutil, fina, interior, como la de Susan Sarandon. Son mujeres que te pueden hacer creer que son bellísimas o que no lo son, según les convenga para su personaje. ¡Es fascinante! La buena noticia dentro del mundo guapa-fea y fea-guapa: cada día el cine y la televisión requieren de más Meryls y más Susans, y más Cecilias Suárez.

Lo que tenemos que entender, y el cine y la televisión ya ha comenzado a explicar, es que todo rostro puede ser bello, magnético o interesante, según la historia que lo acompañe. Por eso, los verdaderos actores deben ser como canvas en blanco sobre los cuales el director pinte los rasgos que le convengan para cada personaje. Bellos que se hacen feos, feos que se hacen bellos, altos que se hacen enanos o se convierten en gigantes, hombres ordinarios que se transforman en musculosos super héroes. Justo el sueño de todo actor: poder ser lo que eres y lo que no eres.

BETTY LA FEA

Hablando de las mujeres en especial, puedo aseverar que no hay mujer fea y yo soy testigo en mis años de carrera rodando de aquí para allá. Dios creó a la mujer perfecta. El problema lo tenemos aquellos que no sabemos ver a cada mujer en su contexto, en su totalidad. Por eso yo insisto: no hay actriz fea, sino mal caracterizada o mal "casteada". Si no, que se lo pregunten a todo el elenco de *Orange is The New Black*. Los personajes son tan ricos, tan exquisitamente dibujados, que cada una de las artistas estratégicamente elegidas han resultado ser bellezas que todos seguimos en las redes sociales con admiración. Desde Dascha Polanco a Selenis Leyva: todas exóticas, reales, étnicas y con rasgos que las hacen únicas e inconfundibles.

La nueva realidad, la que estamos viviendo en esta recién estrenada década de los 20, es que "la suerte de la fea, la bonita la desea". Repito, cuando digo fea en este contexto me refiero a aquellas mujeres que poseen esos rasgos que antes no triunfaban y ahora arrasan. Porque la belleza está en el ojo del que mira *(beauty is in the eye of the beholder)*. Hoy en día, mujeres con diferentes tallas es una realidad que se busca para muchos personajes, gracias al infinito mundo que las teleseries y las plataformas nos han abierto. Cierto que antes, más limitados a la pantalla grande, el selecto y elitista mundo del cine, no había tanta riqueza de personajes para las féminas. Ahora, las teleseries son las que rifan y las teleseries apenas necesitan de las clásicas barbies para convertirse en éxitos.

Para mí, una de las pioneras del "soy diferente y no paro de trabajar" es Rosy de Palma, con sus más de 30 años de carrera. Me aventuro a decir que, en volumen de películas, la exótica mallorquina ha trabajado más que su compatriota Penélope. Luego tenemos a Génesis Rodríguez que ha trabajado tanto en Hollywood y a quien siempre comparo con Hillary Swank. Ambas son andróginas y pueden hacer un esfuerzo en caracterización para ponerlas más femeninas o masculinas, a gusto de lo que exija el guión.

Pero, si pienso en cuál fue el parteaguas en el mundo latino, tengo que mencionar "Betty La Fea". Vini, vidi, vinci: Betty llegó y rompió moldes, abrió todo un nuevo mercado que parecía cerrado durante décadas para cientos de actrices hispanas a las que no se les daba ni una pequeña chanza. Ana María Orozco fue la versión original de la entrañable Betty y América Ferrera en la versión en inglés. A las dos las disfrutamos con inmenso cariño y admiración. Por cierto, América es otra actriz que ha demostrado que los tiempos han cambiado, lo mismo que nos ha enseñado Gina Rodríguez, con su Jane *The Virgin*. Gina, de cara angelical, es de cuerpo fuerte, atlético, muy lejos de esa muñeca perfecta a la que tan acostumbrados estábamos para protagonizar cualquier serie en inglés. De las anteriores generaciones, otras divas exitosas a quienes tampoco les hizo falta competir en ningún concurso de Miss, son Bette Midler, Rebel Wilson, Chrissy Metz y Melissa McCarthy. ¡La lista es interminable! Tilda Swinton, Sarah Jessica Parker, Helena Bonham Carter, o la actriz griega Nia Vardalos, cuyo mánager le dijo que no había espacio para ella en la industria. Después de mucho pensarlo, Nia escribió su propio guión y protagonizó la película *Mi gran boda griega*, obteniendo hasta una nominación a los Premios Oscar.

LA NARIZ DE BARBRA STREISAND

"Pero Joe", me dirás en todo esto de feas/guapas, y de feos/guapos, "¿qué tal si me opero? ¿Alguna cirugía me podría ayudar a conseguir los papeles que siempre quise?". A esto, te contesto: si es tu deseo, hazlo. Si tienes alguna duda (y veo que la tienes, si no, jamás me hubieras hecho esta pregunta) espérate, no te precipites. Yo he sido testigo de docenas de cirugías estéticas dentro de este mundo de la música, el cine y la televisión. Es muy común que te digan: ¡opérate la nariz! La segunda sugerencia más repetida es, sin duda: ¡opérate los pechos! De hecho, me ha tocado acompañar a algunos de mis clientes en estos procesos. Pero, te repito, ahora son otros tiempos, así que no te aceleres con el tema del bisturí. Hace una década o dos, unas orejas grandes te podían sacar de una audición, una nariz rara te podía eliminar del juego. "Es que tiene algo raro en la cara", me decían los directores. "Algo raro" era lo peor que te podían decir, pues sabías que ya con nada los podrías convencer de que ese actor o actriz eran los perfectos para el papel.

Ahora, irónicamente, es casi, al contrario. Las prótesis o implantes de pecho no están de moda. Los perfiles se han abierto y hay quienes te piden precisamente esas figuras sin busto o esas caras "raras" que antes descartaban. Los directores y productores buscan rostros y cuerpos diferentes que no suenen a más de lo mismo y que logren imprimir a sus producciones un sello personal. En los mensajes que me llegan constantemente a mi teléfono para *castings*, me dicen específicamente: no guapos/no guapas. ¡Antes era impensable! El mundo ha cambiado, se ha democratizado, el concepto de atractivo e interesante se ha expandido y negarlo sería de ciegos.

Por todo esto, hoy por hoy, no te diría: opérate. El concepto de la belleza se ha globalizado, no es cuestión de "una nariz" o "unas cejas", y esto aplica tanto en hombres como en mujeres, sin recelo ni complejos.

Pero no todo es tan sencillo ni tan inclusivo. Aunque ahora las Barbra Streisand ya no se operan la nariz (como tampoco lo hizo la talentosa, rebelde y legendaria muchachita de Brooklyn que siempre te voy a poner de ejemplo), todavía quedan tres requisitos de los cuales pocos se libran: mucho sobrepeso, piel y sonrisa.

Del peso, sabemos que ciertos actores han podido adelgazar o engordar drásticamente para encajar y ser elegidos para ciertos papeles (aunque médicamente no es muy aconsejable... Pregúntenle al Gladiator Russell Crowe). ¡Te puede dar hasta deficiencia renal o diabetes! Pero si hablamos de tu peso promedio, mi mejor consejo es que comas sano, hagas ejercicio todos los días, y si eres de constitución grande, lo aceptes y veas las infinitas posibilidades que eso te pone a tu alcance. Al final del capítulo te daré consejos para enfrentar las libras y la cámara con dignidad.

Sobre la piel, no me refiero al color, ni al tono, sino a la salud. Necesitamos piel sana, limpia, para poder reflejar bienestar en nuestras fotos y causar buena impresión a la hora de conocer y saludar a gente clave de la industria. Una piel cuidada, que denote que eres un profesional que se preocupa por su apariencia. Lo mismo sucede con nuestros dientes: una sonrisa sana te puede llevar donde tú quieras, aunque luego tengan que ponerte prótesis para afearte la boca o caracterizarte de chimuelo. Piel y dientes son factores muy psicológicos para que la gente crea en ti, aprecie tu carisma y sientan que eres alguien agradable con quien quieran trabajar. Afortunadamente, ambos factores son relativamente fáciles de modificar.

Puedes ir con tu dentista y mejorar tu sonrisa en pocos meses; puedes hacer cita con tu dermatólogo y sanear tu cutis con simples faciales, láser y cremas. El acné, no te lo negaré, ha sido un gran obstáculo en el mundo artístico. De nuevo, el machismo asoma aquí, pues a actores como Edward James Olmos, las pequeñas cicatrices en su rostro del acné de juventud no le impidieron triunfar. También Brad Pitt, Mel Gibson, Seal y Keanu Reeves triunfaron con sus imperfecciones faciales. En el caso de las mujeres, las expectativas de un cutis fino son más exigentes. Afortunadamente, la ciencia está avanzando en este terreno: con tratamientos médicos y un buen maquillaje profesional, he visto verdaderos milagros que han salvado a más de una actriz talentosa.

¿CALVO O PELÓN?

A este tema del cabello le dedico apartado propio porque si para las mujeres la celulitis o el peso es su cruz, para nosotros los hombres es el pelo. Lo que siempre queremos los hombres es: ¡más pelo! Ese sigue siendo nuestro tabú, nuestro gran trauma, en toda industria y ocasión. En el mundo artístico es incluso peor. En las producciones faltan roles para pelones, aunque mis actores favoritos siempre han sido los de este club, como Bruce Willis, Vin Diesel, Ed Harris, Jason Statham o el exitoso Dwayne Johnson.

En el mercado hispano, a veces pienso que no les llegó el memo y seguimos medio acomplejados con el asunto "cabellera". Tal es el fetiche de "pelazo y actitud" que he

Miguel Mena, Luismi Elizondo y Juan Velázquez.

llegado a aconsejar a mis pelones favoritos que se hagan fotos (*headshots*) con prótesis de pelo o pelucas de calidad. Lo ideal, si tú eres de los que "no tiene ni un pelo de tonto", sería que te hagas tus fotos profesionales de ambas maneras: con y sin pelambre.

De repente, para algún perfil piden calvos y tú sales ganando, pero lamento informarte que estos pelones divinos todavía no son los protagonistas en nuestras historias en español. Faltan papeles para este perfil de hombres, y aquí invito a los buenos escritores a que se pongan manos a la obra. Los pelones son reales, gustan y tienen historias interesantes que contar. Queridos guionistas: los calvos no siempre tienen que ser los malos, los tontos o los segundones en sus tramas. Ni modo que cuando hagan la serie de la vida del tycoon fundador de Amazon Jeff Bezos (que seguro no tardarán en anunciar en alguna plataforma) caractericen al gran magnate con pelazo a lo Luis Miguel...

Si tengo que nombrar a un pelón por antonomasia en las grandes producciones en español, este sería Manuel Landeta, quien ha sabido navegar el tema del cabello como nadie. A lo largo de toda su carrera le han puesto postizos, se los han quitado y se los han vuelto a poner; y el polifacético hombre ahí sigue, escribiendo su propia historia.

Para cerrar el tema del pelo, solo añadiré que las mujeres con unas buenas extensiones o cortinas pueden remediar lo irremediable, aunque no te las recomiendo para tus fotos. Si te ven muy "pelucona" no inspiras confianza ni autenticidad. De eso ya te conté en el capítulo de *headshots*, donde también hablamos del vello facial en los hombres, tema crítico y decisivo en el mercado hispano donde un buen bigote todavía hace la diferencia, especialmente ahora, cuando los galanes de moda son turcos barbones que parecen latinos. ¡Hey, es cultural, no te lo tomes personal!

DE TODOS LOS COLORES

Finalmente, llegamos al tema racial. Una realidad muy delicada, pero que afortunadamente hoy en día ya se abrió al diálogo honesto. Y como yo soy muy honesto, tengo que tocar este tópico con total sinceridad. Solo espero no ofender a nadie con mis palabras y comentarios. Recuerden que mi intención es ayudar a artistas que van a tener que enfrentar lo bueno y lo malo de esta fascinante, pero imperfecta industria del cine y la televisión.

Sin lugar a duda, creo que uno de mis mayores retos y descubrimientos fue Jeirmarie Osorio, la actriz afro-puertorriqueña que creció como el patito feo en su natal pueblo de Ponce por su cabellera indomable. Buscando nuevos talentos para mi agencia, di con ella en una obra de teatro en la isla, la contacté y luego de hablar brevemente acordamos que me regresaba a Miami a buscar esa oportunidad de un papel con su perfil. No pasó mucho tiempo cuando, para mi sorpresa, llegó a mis manos el perfil de *Una Maid en Manhattan*, telenovela que produciría Telemundo. El director de *audición* en ese entonces, Gustavo Puertas, buscaba a una actriz de color con pelo afro para uno de los roles principales, y yo le dije: ¡tengo a tu chica!

El final de la historia lo conocen: Jeimy dejó Puerto Rico, entró en la telenovela y triunfó. La guapa Jeirmarie comenzó a conquistar a la industria convertida en Jeimy (yo le sugerí que simplificara su exótico nombre para facilitar que los medios la mencionaran correctamente). La nueva actriz afrolatina no solo trabajó en el *prime time* de Telemundo, sino que además entró por la puerta grande en una nueva producción de Juan Osorio para Televisa. Muchas cosas pasaron, logré posicionarla entre "Los Más Bellos" de la revista *People* y conseguí incluirla en la portada de la revista Vanidades con la directora Jaqueline Blanco, siendo la primera mujer de color a quien le dedicaron tan peleado espacio con todo y su bello afro.

Fue por aquellos días cuando nos invitaron a Jeimy y a mí a una cena con amigos de la industria en casa de mi querida Perla Martínez en Ciudad de México. En plena velada me revelaron que habían comenzado a buscar a la protagonista para la bioserie de Celia Cruz. Yo, sin titubear, dije: "¡yo tengo a la chica perfecta!" Le pedí a Jeimy que se levantara y sin demora la puse a cantar en la cocina. Sin más preproducción ni preparación, el director de casting Juan Pablo Rincón la grabó en su Iphone y tiempo después (tres años para ser exactos), Jeimy encarnaba el papel de su vida. ¡Aunque no fue tan sencillo como ahora te lo cuento!

Al principio no veían a Jeimy en el papel de la imponente Celia porque su piel es más clara y sus rasgos más finos que los de la Guarachera de Oriente. Los productores siguieron buscando a su Celia por todas las islas de Caribe, por México y hasta Colombia. Nosotros, sin darnos por vencidos, nos pusimos manos a la obra con mi amigo fotógrafo Bruno Olvez, improvisamos una caracterización de Jeimy con ropa y maquillaje que la acercaran más al *estilo* de la gran cantante y... en cuanto recibieron la nueva sesión de fotos nos llamaron con el sí más rotundo del mundo. "¡Azúcar!" Gritamos de pura alegría.

Otra actriz que seguro que gritó de alegría fue Yalitza Aparicio, cuando la seleccionaron como protagonista de Roma. Yalitza, oriunda de Oaxaca y con rasgos mixtecos, fue inmediatamente víctima de burlas y bromas despiadadas por pertenecer a una etnia que raramente se ve reflejada en la pantalla. Irónicamente, y para acallar más de una boca, se convirtió en la chica de moda, recordando a Hollywood que hacen falta bellezas naturales con genuino

Con esta imagen caracterizada logramos conseguir el estelar de Jeimy Osorio como Celia Cruz.

talento y persistente carácter. Que si muy clara, que si muy oscura, que si con rasgos muy étnicos, que si con rasgos muy mestizos, que si muy pecosa o incluso "demasiado güera" para ser latina. Nunca va a llover al gusto de todos.

Por eso te recomiendo que busques actores que se te parezcan físicamente: pelirrojos, pecosos, negros, asiáticos, morenos con rasgos árabes, o blancos con pintas de alemán, no importa. Selecciona un par de actores o actrices que estén triunfando, que reflejen tu ADN, tu cultura y tus raíces, y úsalos de inspiración diaria. Síguelos en Instagram, mira qué están haciendo y cómo luchan contra los estereotipos. Ellos te están abriendo puertas a ti, para que cuando tú llegues no tengas que llamar tan recio ni pelear tan duro.

Como último consejo, te diré: mírate al espejo y quiérete tal y como eres. **Si tú no te gustas, si tú no te quieres, difícilmente harás que los demás se sientan atraídos por ti, o interesados en ti.** Un actor se tiene que querer sanamente, dejando complejos e inseguridades a un lado. Tiene que entender que su físico no es una limitación, sino todo lo contrario: ¡es una bendición! Es una herramienta más que la vida te dio y tienes que aprender a usarla a tu favor, no en tu contra.

Deja que tu físico te abra puertas y no te cierre oportunidades. Aunque suene medio cursi, es cierto.

Dios no hizo otro ni otra como tú, y en algún lugar te espera el papel perfecto, ese papel que tú y solo tú puedes encarnar con éxito.

CONSEJOS PARA SEGUIR, SI ES QUE TE QUIERES MIRAR AL ESPEJO Y VER LO BUENO QUE TIENES EN TI:

1. No dejes que tu *estilo* te limite, pero a la vez sé consciente de cuáles son los papeles que más se ajustan a tu constitución física.
2. No hay dos como tú. Usa tu "uniqueness" para atraer ese rol, esa audición que solo tú podrás ganar.
3. No dejes que tu peso te amargue la fiesta. Come sano, haz ejercicio y si no logras bajar esas libras, úsalas a tu favor. Recuerda que personajes con diferente constitución física serán siempre necesarios.

VERDAD #10

VAS A TENER QUE APRENDER A LIDIAR CON TU AUTOESTIMA Y TU EGO

"Lo más difícil en este negocio es entender que la única persona a la que debes creer cuando te dicen que eres o no un gran actor es a ti mismo. Por eso jamás hay que renunciar a seguir intentando y cuidar celosamente que tu autoestima no te traicione embriagada por las adulaciones de la fama".

—COCO LEVY
Director de producción y contenido Videocine

VAS A TENER QUE APRENDER A LIDIAR CON TU AUTOESTIMA Y TU EGO

"La autoestima baja es como conducir por la vida con el freno de mano puesto".

—MAXWELL MALTZ

En esta verdad, llegó la hora de contestar a esta complicada, pero necesaria pregunta: **ego y autoestima, ¿tus enemigos o tus aliados en esta aventura de la actuación?** Porque de todos es sabido que un artista necesita de un ego poderoso para poder crear de la nada y tiene que apoyarse en una robusta autoestima para no flaquear y venirse abajo ante las críticas y la difícil exposición pública. Pero ¡cuidado! Tanto ego como autoestima son armas de doble filo que, mal llevadas, se salen de control y asfixian al más talentoso.

Ayyy, cuando la fama se te sube a la cabeza, tienes que salir urgente por muebles para amueblar tu azotea. Cómo olvidar el caso de este actor español a quien ayudé a traerlo de la Madre Patria, a obtener un visado y ponerlo a trabajar en las grandes ligas en México y Estados Unidos. En cuanto comenzó a brillar, perdió el suelo y todo le pareció poco. Se regresó a Madrid y allí está ahora desempleado criando hijos.

Otro actor cuyo nombre prefiero omitir, tampoco supo manejar bien este delicado tema de fama, ego y autoestima. Después de conseguirle importantes apariciones en novelas y proyectos, le ayudé a sacar su primer disco. Su primer cancion pegó por todo lo alto convirtiéndose en un himno. Pero ya sabemos lo efímero que es el mundo de la música, incluso más que el de la actuación. Hoy suenas en la radio con una rola y a la semana próxima nadie se acuerda de tu nombre. Es lo que en inglés llaman "one hit wonder" o llamarada de petate en español mexicano. (Como dicen en *Legally Blonde: Last season Prada Shoes!!*) Al tiempo, volví a llamar a este actor con la oportunidad para otra novela, y el recién estrenado *rockstar* me contestó que no, que ahora él era compositor y "cantante" de éxitos y que no tenía tiempo para actuar.

Comprendo y respeto a quien desea un cambio en su carrera, pero en esta ocasión me quedé con el ojo cuadrado y con cara de final de capítulo. Qué valiente, pensé. Su carrera como cantante podía tomar años en levantar de veras, y, aun así, subido en sus cinco minutos de fama, se daba el lujo de rechazar un contrato de cientos de miles de dólares que le hubieran caído del cielo para producirse su nuevo álbum. Sobra decir que su carrera musical se fue enfriando y muy pronto recibió la carta de liberación. ¿Y su carrera de actor?... más fría que tibia, sin premios ni estrella en el *Hollywood Walk of Fame.*

Por último, una actriz con bastante cartel me dijo: "yo solo de protagonista mi Joe, solo de estelar". Entiendo que hay que cuidar la trayectoria, el nivel, el nombre y evidentemente el caché, y yo soy el primero que protejo la imagen de mis actores y no les permito malvenderse. Pero también hay que analizar las oportunidades y valorarlas en su momento. La chava estaba sin trabajo, le conseguimos un papel en una serie para devolverle vigencia y, aunque era un rol importante, lo rechazó porque no era "la actriz principal".

Teníamos buena relación con el ejecutivo de la serie y nos pidió reconsiderar la oferta, que aceptáramos, que más adelante, en sus futuras producciones, ya haríamos algo más grande y la consideraría para un estelar. "No, no lo voy a aceptar, yo solo de 'prota'". Con esas palabras se terminó la negociación. El productor se lo tomó personal y a ella la autoestima falsamente elevada le jugó la peor de las pasadas. Al cabo de un año, dicha actriz me llamó para quejarse de que el productor en cuestión no la estaba teniendo en cuenta para no sé qué proyecto y yo, armándome de paciencia, tuve que recordarle la escenita de "yo solo soy protagonista".

Cuando las puertas se cierran (de portazo, como en este caso), no es imposible volver a abrirlas, pero es un hecho que tus decisiones van a marcar tu destino, como esta famosa actriz se marcó el suyo. ¡Se perdió tres mega-producciones y unos buenos dólares, todo por dejar que su ego le marcara el ritmo! Bien aplica aquí el refrán del autor ruso Stanislavski: *"No hay papeles pequeños, solo hay artistas pequeños".*

DEFINAMOS EGO, DEFINAMOS AUTOESTIMA

Yo, en términos coloquiales, siempre digo que **el ego es lo que pensamos que piensan los demás de nosotros, y la autoestima es simplemente lo que pensamos de nosotros.** Son como dos primos que van de la mano y te pueden aguar más de una fiesta, si los dejas galopar como caballos desbocados.

Partiendo de esta base, constantemente nos ataca el deseo inconsciente de ser aceptados. Necesitamos aprobación. Es una característica inevitablemente humana. Necesitamos que nos reconozcan el esfuerzo, que nos celebren nuestros actos y que nos premien. ¡Eso es el ego! Desafortunadamente, la vida no es una competencia deportiva donde por cada salto, maroma o pirueta que des te darán una nueva medalla o un trofeo.

De la autoestima, te diré que tiene que ver con tu nivel de tranquilidad. Cuanto más tranquilo o tranquila y en paz estés, mejor podrás mantener un nivel aceptable de autoestima. Un nivel donde ni se te suba ni se te baje demasiado. Esa paz, armonía, y claridades tan necesarias para obtener una autoestima sana la alcanzarás si estás dando todo lo mejor de ti para lograr tus ideales y objetivos, si aceptas tus defectos y conoces tus virtudes, si sabes sacarte partido y conoces tus límites. Te aconsejo desde ya que leas, que vayas a terapia, seminarios o retiros; que trabajes tu interior como tú gustes. Aprende a conocerte por dentro y verás cómo tu carrera avanza por fuera.

¡QUE LLEGA EL PROTAGONISTA!

El día que llegues a ser un artista reconocido y admirado, todos querrán compartir contigo ese mundillo llamado rodaje. Pero piensa que, por muy popular que llegues a ser, de la manera que trates, serás tratado. ¡Eso es ley universal! Todo este paquete interno (tu conducta, tu manera de reaccionar ante los retos diarios en el set, tu estado mental)

Instante entre amigos con Andrés García y Fernando Carrillo.

repercutirá en tu carrera desde el primer día que pongas pie en un set o en un escenario. Por eso, será mejor que vayas practicando desde ahora y te tomes tu *chill pill*.

Todos en el foro cuentan y merecen tu consideración y respeto: desde el director al productor, a los técnicos, vestuaristas, profesionales del maquillaje, choferes o utileros. Sin olvidarte de tus compañeros actores, extras y hasta los del *catering* que te sirven la comida.

En mis largos años de carrera, me he topado con casos graves de desbalances emocionales y de conducta. Colegas con problemas de personalidad, bipolaridad y derrame de *lithium*... actores o actrices que en dos segundos explotan en cólera sin pensar en las consecuencias. Personalidades que cambian los parlamentos desbancando al director. Seres que insultan a los de vestuario porque la ropa huele, o llegan sin su letra aprendida y deciden no comer porque otra vez sirvieron pechuga. Todos y cada uno de estos síntomas son un reflejo de su propia salud mental.

Por eso es tan importante llevar una vida balanceada, sana y siempre tener gente cercana que pase lista de tus defectos. Debes dar gracias cada día por lo que tienes y lo que no. Debes aprender a ser tu propia competencia y dejar de compararte o enemistarte con tus compañeros. Debes romper tu propio récord de puntualidad cada día y dejar tus problemas personales en casa. Debes ejercitarte y dormir bien. Pero, sobre todo, vas a tener que ejercer humildad y valorar la importancia de reconocer tus debilidades. Si percibes que algo que hiciste o dijiste en el set no está bien, reconócelo. Si lo haces, todos te verán como el verdadero o verdadera protagonista. Entonces sí que vas a brillar como estrella ante los ojos de los demás profesionales que te rodean.

SALUD MENTAL

No podemos hablar de egos, autoestimas, y otros comportamientos sin adentrarnos en el campo de la salud mental, tema que sigue siendo tabú para nosotros los hispanos. Dicen que los grandes actores, artistas, pintores y músicos han padecido alguna clase de problema mental o emocional. Desde Van Gogh a Nina Simone o nuestro querido y admirado Robin Williams, que en paz descanse.

Bueno, no todos nacimos para ser Janis Joplin ni Joaquin Phoenix. Y la salud mental nos la puede jugar feo incluso antes de convertirnos en actores consagrados a quienes les van a tolerar ciertas conductas tóxicas. Además, hoy en día no es como antes, cuando Hollywood le aguantaba berrinches a Bette Davis porque era Bette Davis. Hoy, si se te pone fama de conflictivo o complicada, adiós oportunidades.

Si tomas más de la cuenta, fumas, sufres de ansiedad, depresión, inseguridad, claustrofobia o ataques de pánico, ¿qué esperas? Busca ayuda médica. Todo a tiempo tiene solución, no aguardes a que sea demasiado tarde y tus condiciones se agraven. Todos hemos pasado por una depresión, por una fobia o por un mal momento en esta vida. La diferencia es que unos nos preocupamos por buscar ayuda y otros dejan que el problema crezca como bola de nieve hasta que es tan grande que no hay como pararlo.

Son muchos los artistas que hemos encontrado tirados en su cuarto o en su baño por vivir en excesos y negación. En lo personal me han tocado varios de estos casos tan dolorosos y extremos. Actores con problemas de personalidad múltiple que han perdido contratos y han sido expulsados de exitosas producciones por una o varias de las razones antes mencionadas. Algunos de ellos, endiosados por ellos mismos, sus familiares y sus amistades, sucumbieron hasta lo más hondo porque nadie se atrevió a decirles la verdad y llevarlos ante un doctor.

Si quieres entender lo que aquí te digo, simplemente ve el documental sobre la vida y trayectoria de Britney Spears o Amy Winehouse. El problema no es que los seres humanos padezcamos de condiciones tan humanas y reales como bipolaridad, depresión crónica o agorafobia. El problema es que no lo aceptemos, que nos neguemos a ser mortales y de carne y hueso, y pretendamos que somos chingones o chingonas, que no nos pasa nada, y que por ser famosos o buenos actores ya nadie nos puede pedir que vayamos con un doctor. Como dicen canciones y poemas por ahí: de genios y locos, todos tenemos un poco. No nos debería avergonzar admitir que, de vez en cuando, necesitamos un *tune-up* en nuestra salud mental.

EL SUBIDÓN DE AUTOESTIMA

Cuando se te sube la fama a la cabeza y te juntas con la gente equivocada, las prioridades cambian. Tu aura cambia y te conviertes en un problema, una persona no grata. Por bueno o buena que seas ante las cámaras, si le sales caro a una producción por tus desatinos, plantones y patanadas, francamente prefieren perderte hasta que te desintoxiques. Triste, pero cierto. No confundas ser chingón con ser ombligo del mundo.

Seremos talentosos, pero nunca imprescindibles, y a esos artistas complicados, temidos y hasta odiosos las producciones les sacan el cuerpo. Ya te dije que aquella antigua cultura del Hollywood de divas y berrinches se terminó. ¿La causa? La industria aprendió que le sale más barato un artista bien portadito que todas las demandas y pérdidas de horas de trabajo que pueden provocar la ira, excesos, adicciones y violencia por parte de un miembro del cast.

Esta fama un tanto cara y tóxica les antecede a estrellas como Mel Gibson, Christian Bale, Edward Norton, Gwyneth Paltrow, Russell Crowe, Dustin Hoffman o Charlie Sheen, entre muchos otros. Ahora, hasta Jennifer Lawrence tiene que cuidar su actitud, su salud mental y su actitud en general si quiere que la llamen para la próxima película. La cosa está tan reñida que, si la Lawrence no viene, pues vendrá otra Jennifer estupenda e igualmente bella y talentosa. ¿Te has fijado cuántas Jennifer hay en este gremio? Todas excelentes artistas y dispuestas a trabajar mañana. Lamento comunicarte que ya nadie es indispensable en el maravilloso Club de Divos y Divas.

EGOS BUENOS, EGOS MALOS

"Para la gente que de verdad es creativa el ego es muy importante, es lo que les sujeta, hay que ser indulgentes con ellos". Con estas palabras que Robert De Niro dijo en una entrevista al diario El País, nos queda claro que el ego es parte esencial del proceso creativo. Desde Picasso a Cantinflas, las historias de sus berrinches, sus terquedades y sus mundos complicados nos llegan y nos fascinan. ¿Será que todo genio tiene que ser insoportable? Bueno, lamento repetirte que no, y que hasta para ser Picasso, vas a tener que jugar a domador de egos, te guste o no te guste. Con esto no te estoy pidiendo que aniquiles tu ego, que lo mates, que lo estirpes de tu ser. Primero porque eso sería imposible. Todo ser humano posee un ego para funcionar. Segundo porque es precisamente el ego lo que hace al artista. El ego de "yo sé crear" o "yo soy ese personaje, mírame".

Para que me comprendas mejor, definamos más al significado de ego, porque muchos se hacen lío. **Ego** proviene del latín y significa simplemente "yo". Otro significado que se le da popularmente es el de "exceso de valoración que uno tiene de sí mismo"; un ego que siempre se sube para ocultar una baja autoestima o para acompañar a una alta autoestima. ¿Ves? Por ambos lados te va a dar el síndrome de Narciso si no cuidas tu ego y autoestima con amor y atención.

En el campo de la psicología, el **ego** se refiere a la conciencia del individuo, al concepto de "ser tú" que crees que proyectas. Es un ego que, indudablemente, va ligado a la parte creativa. Es este ego psicológico lo que te hace crear y que te guste en mayor o menor grado lo que estás creando. Es necesaria mucha confianza en uno mismo para exponerse ante miles de ojos y, al menos, pensar que lo puedes hacer, que tú vales. Ese es el ego sano, el motor que te debe impulsar la fe en ti mismo. Es un egocentrismo necesario e inevitable. No conozco ningún buen actor que no se mire al espejo y se diga: ¡yo puedo con ese papel! Después de todo, si tú no te lo crees, ¿cómo esperas que los demás nos lo creamos? El arte de la actuación es precisamente eso: hacérnosla creer, el llamado *"make believe"*.

Por eso te digo, en este tema de las autoestimas y los egos, que controles tus emociones, que trabajes tu seguridad y ese ego sano del que te hablo. Pero que jamás resbales y caigas en la arrogancia. Porque ese ego tan creativo siempre camina a un pasito de la soberbia. ¡Luego no digas que no te advertí! Ya te contaba en el capítulo anterior cómo actores terminaron con sus prometedoras carreras por dejar que la altanería se los devorara vivos. Un principiante, al igual que un artista consolidado, debe trabajar la comunicación, el respeto, la humildad y saber cuándo dejar a su ego actuar y cuándo mandarlo a callar y guardarlo en un cajón.

¿Y cómo domino el ego y lo hago mi aliado creativo? Muy sencillo: sigue todos o algunos de estos consejos, y luego contáctame en las redes sociales y dime qué tal te funcionaron. Cada persona es un mundo y lo que te funciona a ti tal vez no me funcione a mí, así que ponte a explorar soluciones y no permitas que tu ego te diga: "oh, yo no necesito que me domes, mira, yo ya soy muy *cool*".

ESTOS SON ALGUNOS DE LOS CONSEJOS QUE TE PUEDO OFRECER EN ESTE DEPARTAMENTO DE EGOS SANOS Y SALUD MENTAL PARA TODO ARTISTA:

1.- No te compares. Otro alimento primordial del mal ego es la envidia. Y la envidia nace cuando nos la pasamos comparándonos con el vecino.

2.- Aprende a escuchar. Si tu agente te lleva a una cena o reunión, escucha más que habla. No te comas el oxígeno de la fiesta ni les cuentes tu vida en verso. Deja que los demás te cuenten cosas.

3.- No dejes que tus inseguridades te pongan de mala sangre. Esto lo he visto una y mil veces. En cuanto la autoestima se te baja y el ego se te sube, empiezas a pensar que todos te odian, que todos te quieren ofender, que todos te miran mal, que están montando un complot en tu contra, que te tomaron una foto o que cuchichean sobre ti. No veas moros con trinchete donde no los hay solo porque tu ego, guiado por la inseguridad, te dice que ahí están.

4.- No seas criticón ni criticona. En este negocio, hablar mal de tus colegas puede resultar en tu gran final. Nadie quiere trabajar con un chismoso o chismosa. Los chismes son el alimento del ego malo. ¡Ponlo a dieta! Nunca hables de los demás y limítate a dar tu opinión profesional solo cuando te la pidan y con infinito respeto.

5.- Que no se te suban los piropos. Si hiciste una buena escena y te aplauden, sé agradecido, pero no te claves y te confíes en que ya eres el genio de la lámpara. Recuerda que, en este gremio, eres tan bueno como tu última actuación y todos podemos tener un resbalón.

6.- Mantén una buena actitud. Da siempre las gracias, sé atento o atenta, apréndete los nombres de todos, ofrécete de voluntario para esto o aquello. Una bonita actitud te abrirá más puertas que todo tu arte y tu talento juntos. Recuerda que esto de la actuación requiere un 50% de arte y un 50% de *networking* o de relaciones públicas (de los cuales te hablé en otro capítulo).

EL GÜERO CASTRO TE LO DICE: ACTITUD, ACTITUD, ACTITUD

José Alberto Castro, a quien todos llamamos amistosamente El Güero Castro, te lo dice: tu actitud será tu puerta de entrada y tu puerta de salida a este gran negocio del cine, teatro y televisión. Le pedí recientemente al legendario productor de infinidad de producciones de fama internacional como *Valentina, Rubí, Pueblo Chico Infierno Grande, Vino el Amor* y *Por Amar sin Ley*, que nos resumiera en pocas palabras la relación que espera entablar con su talento: **"Siempre trato de que sea una relación de respeto y amistad. Muy importante tener siempre un canal de comunicación claro y conciso con mis artistas"**.

Igualmente, le pregunté cuáles son las cualidades que busca siempre en un actor o actriz, y sin dudar, El Güero señaló: **"que sea comprometido, dedicado y respetuoso"**. ¿Y las cualidades o actitudes que más le molestan en un artista? **"Falta de compromiso (eso lo veo si no estudia, no pone atención, no respeta a los demás) e impuntualidad"**.

Para cerrar este apartado de egos y autoestimas que inevitablemente se reflejan en comportamientos, el gran José Alberto Castro nos revela qué actitud es la que abre puertas y cuál las cierra: **"Para abrirlas es tenacidad, para cerrarlas es la irresponsabilidad"**.

Ahora, aplícate estas palabras a tu ego y piensa cómo te vas a comportar cuando te pongas frente a la próxima puerta y llames para pedir tu siguiente gran oportunidad.

VERDAD #11
TU DEMO REEL TE MATA O TE DA LA VIDA

"Antes era muy difícil hacer **castings** basados solo en un *headshot* en blanco y negro. Eso fue cambiando y el proceso hoy se ha vuelto mucho más orgánico. Como productora y directora me ha servido muchísimo ver los registros en video de los actores y también sus *reels* a la hora de tomar la decisión de a quiénes veremos en un *casting*, ya sea virtual o presencial. Es muy importante que la edición, la calidad y que sus escenas nos muestren su mayor potencial y rangos dramáticos".

—CARLA ESTRADA

TU DEMO REEL TE MATA O TE DA LA VIDA

Si el *headshot* es el aperitivo de la cena, el *demo reel* es el plato principal. Y si quieres llegar con éxito al postre, vas a tener que atinarle a la primera con la receta que elijas. Porque una vez ese director o productor vea tus primeras imágenes, no se le borrarán jamás y será difícil que se siente a ver una segunda versión mejorada y reeditada de tu *videobook*.

Así te lo digo: tu *videobook* te mata a la primera o te da la vida como artista. Por eso, si no estás 200% seguro o segura de que está bien editado, que contiene tus mejores escenas y que la imagen es de máxima calidad, mejor ni lo envíes, ni lo subas a google o tus redes. Es preferible decir que no tienes demo reel en ese momento a enviar uno mediocre o simplemente "normal". Tu demo tiene que ser sublime, exquisito, como el filet mignon que vas a servir antes de que te ofrezcan el contrato de tu vida.

A LA GUERRA SIN FUSIL

El temido demo reel o video book es una herramienta primordial para ir a la batalla y conseguir los tan ansiados *castings.* Figúrate que eres un gladiador romano y que por azares del destino vas a la batalla sin escudo o sin espada. Yo te diría: ¿a qué vas? ¿A morir de gratis? Mejor quédate, porque seguro terminas peor que Aquiles.

Una vez que la productora o agencia de castings ha recibido tus fotos y tu c.v., el demo es tu oportunidad dorada para que estas personas digan: "Wow, yo quiero conocer a este actor, necesitamos darle un chance a esta actriz".

MENOS EXCUSAS Y MÁS EDICIÓN

"Mira, Joe", algunos directores de audición no lo toman en consideración, pero otros me dicen enfáticamente, "si la chava o chavo no tiene demo, ¿cómo vemos su trabajo?". Aquí vienen las preguntas: ¿cómo hago mi *demo*? ¿Quién me lo edita? ¿De dónde saco las escenas si apenas he grabado un corto? A todo esto, te respondo: estamos en una época donde ya no hay excusa para las excusas. Como dicen en México: ¡ponte las pilas, ponte chingón!

Si no tienes suficiente material, sal a generarlo. Ofrécete gratis para protagonizar algún corto con estudiantes en la facultad de cine de la universidad más cercana. También puedes ensayar una escena de tu película favorita y buscar a alguien que te la grabe lo más profesionalmente que puedas. Solo procura hacerlo todo con calidad: luz, cámara, edición, audio. Todo perfecto. Ahora se puede alcanzar esa calidad de la que te hablo con un equipo relativamente sencillo.

Como ya sabes que vas a ser el eterno estudiante, te propongo que tomes unas clases de edición. Con el tema de las redes sociales y de tu propia autopromoción, no estaría de más que supieras editar a nivel casi profesional. Los *demo reels* que se los editan los propios artistas tienen cierta magia. Ellos se conocen mejor que nadie sus ángulos buenos y sus momentos mágicos. Si de plano lo intentas y se te da mal esto de editar, pide ayuda a un amigo que ya haya editado demos antes, que conozca el ABC de la edición de estas muestras de talento y creatividad. Por último, si no conoces a nadie que te pueda echar una mano, contrata a un editor profesional. El editor de *videobooks*, como el fotógrafo profesional, es un gasto del cual no te arrepentirás.

12 MANDAMIENTOS PARA TU DEMO REEL

Lo edite tu compa o el editor más fregón del planeta, las escenas finales que vayan en tu reel las debes seleccionar tú. Como te dije, nadie mejor que tú conoces tu rostro, tus gestos y tu trabajo. A la hora de seleccionar esas imágenes, solo ten en cuenta los siguientes 12 puntos:

1. Elige escenas cortas donde muestres tus diferentes emociones. Te quieren ver reír, llorar, sufrir y gozar; hasta te quieren ver dormir, a ver qué tal roncas. Si es para el mercado americano, evita escenas de gritos y llanto, ya que para los gringos puede caer muy soapy o melodramático.

2. Evita parlamentos extensos de otros actores. Te tienes que lucir tú, no tus compañeros de escena.

3. Coloca lo mejor al principio. Asegura una apertura y cierre que impacten con un clímax central, pero siempre pon tus mejores trabajos al inicio. Pocos directores ven demos hasta el final.

4. Evita musicalizar tu demo. La gente necesita verte actuar y escucharte hablar, sin distracciones de fondo.

5. Incluye variedad. No pongas escenas de un solo proyecto. Esto denotará pobreza de experiencia y solo te veremos en un rol o con un solo registro.

6. No mezcles escenas de publicidad (comerciales) con tus escenas de actuación.

7. Usa silencios, escenas donde no hables. El arte de actuar no siempre se apoya en la palabra. También te quieren ver calladito o calladita.

8. Incluye alguna entrada en escena. A los directores les gusta observar cómo lo haces.

9. No te pases de 3 minutos. Es el tiempo estándar que usan todos en la industria. Si en 180 segundos no les vendiste la idea de que tú eres lo máximo, difícilmente lo lograrás en 300.

10. No pongas todo lo que tienes. Un reel no es un índice de todo tu trabajo. Es la selección de lo mejorcito que has hecho. Es preferible poner menos y mejor que todo y malo. Importa lo más reciente, lo actual.

11. Cuida la calidad técnica de todo el demo. Si fallas en algún segundo en calidad de imagen o de sonido, ya perdiste la batalla.

12. Imprime un ritmo de edición y contenido. Todo *videobook* tiene un ritmo muy específico: abrir con tu mejor escena e intentar dejarla entera. Luego, pasa a ediciones más rápidas donde nos dé tiempo de verte en diferentes roles, registros, durante unos segundos, y al final puedes redoblar con una edición todavía más veloz, estilo flashes, como despedida, en la que incluirás material bueno, pero no el mejor.

Para mí, en general, los demos deben moverte algo por dentro, deben causar alguna sensación memorable al espectador. La edición debe ser ágil y volar como una montaña rusa de emociones que te haga suspirar de alegría, tristeza, amor, suspenso y desamor. Aléjate de lo monótono y piensa en tu *reel* como un mosaico en el que vas a mostrar todos tus matices y cambios de *estilos*. Recuerda que en los primeros segundos del video tienen que ver tu material más reciente, más actual. En cuanto a escenas de teatro, a menos que las tengas grabadas en formato profesional, mejor no las incluyas, pues el sonido ambiental no es óptimo y mata ese *mood*, esas emociones de las que te hablo.

En cuestión de gráficas, el demo reel solo debe llevar al principio tu nombre con alguna imagen fija o fotografía tuya, y para cerrar es importante que la claqueta incluya tus datos personales y los de tu *management*. Nada más. Solo quiero que recuerdes que lo más importante de todos esos tres minutos eres tú. Tú, tú, y tú. Si tú no transmites en esas escenas, si no te luces, si no te ves divino o divina en tu rol, si no nos dejas ver de lo que eres capaz, de nada nos van a servir la edición más profesional del mundo ni el ritmo que le hayas puesto a las escenas ni que en una de ellas salgas junto a Al Pacino. El director perderá el apetito y el interés, y se pondrá a ver el siguiente demo reel en espera de encontrar ese artista que lo llene de emociones en menos de tres minutos.

UNA VEZ AL AÑO

Para concluir, te informo que jamás vas a terminar de editar tu *demo reel*. Siempre vas a tener que actualizarlo, según vayas completando nuevos e importantes proyectos que valgan la pena ser incluidos en esos tres minutos mágicos. Deberías reeditarlo al menos una vez al año para verte al día y que no digan: "¡pero si esto es de cuando hiciste la primera comunión!". Cuando lo actualices, no olvides subirlo a YouTube y especificar *"updated demo, 2020"*, o el año que sea. Si alguien vio tu demo anterior, sabrá que ese es nuevo y le dará al *play* para ver qué has hecho últimamente. Editar y reeditar *forever* será tu tarea. Piensa que, el día en el que ya no lo tengas que actualizar, pulir o mejorar, será el día en el que cuelgues los guantes y te dediques a otra cosa o el día que te retires después de una larga y exitosa carrera. Porque, que yo sepa, hasta Brad Pitt tiene su demo *ready*, por si su director favorito lo quiere ver llorar, reír, besar, pelear o volar por el espacio sideral.

VERDAD #12
TE PAGAN POR ACTUAR Y... POR ESPERAR

"Más allá de nuestro pago, actuar es la oportunidad de hacer lo que te apasiona; meterte en los zapatos y la psique de un personaje para crear magia. También te pagan por esperar, pero se malentiende el concepto cuando hay tanto trabajo que tenemos que hacer en esas largas horas de espera. Los personajes que interpretamos tienen mucho que decir, pero no en los diálogos que nos dan para aprendernos, sino en el subtexto de lo que no se dice. Lo interesante como actores es investigar y sacar esas claves. Un actor se vuelve más profundo por lo que piensa y no dice, que por lo que dice. Arte es crear".

—RAÚL MÉNDEZ

VERDAD #12

TE PAGAN POR ACTUAR Y... POR ESPERAR

"Perder la paciencia es perder la batalla".

—GANDHI

La llamada era a las 7 de la mañana. Mi artista llegó fresco, preparado, con sus dos líneas muy bien aprendidas y miles de sugerencias para el director. A las 8 apareció la de maquillaje, a las 9 el de vestuario, a las 10 todos pararon a desayunar, a las 11 tuvieron junta, a las 12 cambiaron el orden de grabación, a las 2 cortaron a comer, a las 4 se nubló y empezó a llover; pasaron las 6 de la tarde y le dijeron a mi artista: "Mejor vete pa' casa, porque hoy ya no vas a escena, la tuya se grabará mañana".

El hombre, de camino a su hotel, me llamó furioso, frustrado, cansado. Se quejó y se quejó, y se volvió a quejar hasta que se agotó la batería de su teléfono y se quedó hablando solo. Yo esperé una hora a que se le pasara el coraje y le envié un texto escueto y directo: "A ti te pagan por tu talento, pero también por saber esperar". Mi artista, más calmado, me envió un emoji de manita de OK, y al día siguiente, aprendida la lección y con la pila recargada, llegó al set otra vez fresco con la mejor disposición del mundo y no dijo ni una palabra hasta que le hicieron el llamado al medio día. Grabó su escena y de camino al hotel, me volvió a llamar: "OK, Joe, ¿dónde me toca esperar mañana? Dile al mismísimo Iñárritu que soy experto en no hacer nada hasta que quieran que haga algo. Estoy puestísimo". Y los dos nos echamos a reír.

DOSIS DE PACIENCIA

El refrán dice "el que espera desespera", aunque yo, en esta ocasión lo cambiaría a "el que espera se lleva la presea". Esperar es un arte en los negocios, en el amor, en la actuación, y en todo lo que hacemos en la vida. Y la técnica para esperar como un profesional es la paciencia. Si comienzas a ejercitar tu paciencia a partir de hoy, cuando te lleguen las grandes oportunidades ya serás todo un *máster yogi* del Tibet a quien nada lo inmuta, como lo es mi querida Carmen Aub.

CARMEN AUB Y SUS 25 SEGUNDOS

Recientemente, en la primera edición de los premios Spotify en México, invitaron a mi artista Carmen Aub a presentar un premio. Al llegar, nos percatamos de que se traían un berenjenal en *backstage* como jamás he visto en mi vida. Nos citaron a una hora y nos tuvieron tres horas más esperando en un camerino improvisado en el Auditorio Nacional en CDMX, sin aire acondicionado, sin *catering* y con suerte nos trajeron agua porque la pedí mil veces. "Hay que fluir y hacerse pendejo". Recordé las palabras que un día me compartió otra gran mujer del *business*.

Con Carmen teníamos dos opciones: podíamos enojarnos e irnos o quedarnos y cancelar todos nuestros otros compromisos posteriores. Optamos por la segunda: quedarnos y fluir.

Carmen es muy zen, esa es una de sus grandes cualidades. Entiende muy bien el negocio, sabe esperar tan bien como sabe actuar. Comprende que no puede cambiar el curso del Universo y siempre le busca el lado amable a toda situación. Carmen tiene el arte de saber transformar lo malo en bueno. A las cuatro horas, se subió al escenario, leyó dos frases, lanzó una de sus sonrisas contagiosas, bajó y nos fuimos como un rayo. En la calle, nos miramos y dijimos: "No, a casa no, vamos a tomar un mezcalito". Nos metimos en el primer bar que encontramos para celebrar sus 25 segundos de fama. ¡Porque ni a 30 llegó su intervención! Un día entero perdido, pero nosotros lo íbamos a terminar con brindis, risas y broche de oro.

LECCIÓN DE CARLA ESTRADA

Esta otra anécdota me la contó mi querida amiga y confidente Carla Estrada. La prestigiosa productora se encontraba grabando una novela de época con el incomparable Fernando Colunga. Fernando, genuinamente cansado, le dijo que por qué no movía sus escenas del día siguiente de manera que estuvieran todas juntas para que así él pudiera aprovechar su día y descansar, porque llevaba tres días sin tiempo para dormir y no quería estar esperando en el set desde muy temprano.

Carla, gran maestra de todos nosotros, no le corrigió ni le dijo que no. Al contrario. Con mucha amabilidad, le pidió que a la mañana siguiente le acompañara al cuarto de producción y que él hiciera el *break (pauta)*. Es decir, que organizara los llamados del día para todas las escenas y el equipo de producción. Fernando comenzó a mover las piezas del rompecabezas, como hombre inteligente que es, hasta que él mismo se dio cuenta de que era imposible. Si movía tal escena a las 11, el otro actor estaba haciendo teatro en otro proyecto y no podía llegar hasta las 2. La escena de los caballos tenía que ser antes del baño en el río, porque a la actriz la tenían que caracterizar de nuevo y eso tomaba tres horas. Y la escena 12 no podía ir antes que la 8 porque para cambiar la iluminación necesitaban otras dos horas.

Carla me cuenta que Fernando se dio por vencido, le dijo que hiciera ella la agenda de trabajo, que era complicadísimo y que él llegaría temprano al día siguiente al set a esperar su turno, fuera cuando fuera. La abrazó y se cerró el caso.

A esta anécdota le han seguido muchos más años y más producciones de éxito para Colunga, a quien le pagan muy bien por esperar y sabe que por muy talentoso que seas, si no eres paciente y comprensivo con tu equipo y con la industria en general, tu carrera puede terminar antes de que te llamen a escena por los altavoces del camión de producción.

LA ESPERA EN CASA

Un artista no solo espera en el *trailer* o en el *backstage*. Un actor o actriz profesional espera en casa semanas enteras. Debes tener en cuenta que, aunque alcances cierta fama, vas a despertar más días desempleado que con trabajo. Hasta los grandes actores viven así. Se preparan seis meses para trabajar dos. Y entre proyecto y proyecto, mata la espera. La espera del contrato, la espera del inicio de grabaciones, la espera del siguiente proyecto que parece que nunca llega.

BENDITA PACIENCIA

No te negaré que yo, por naturaleza, soy impaciente, hiperactivo y muy movido. Pero mi trabajo de mánager no requiere que me siente en un *trailer* diez horas al día. ¡Tal vez por eso no soy artista! Esa espera e incertidumbre a mí me mata. Pero tú elegiste ser actor o actriz, así que siéntate en esa silla de la paciencia y abre una revista, porque vas a pasar largas horas mirando a la pared.

Aun así, yo también he tenido que aprender a esperar en esta vida. A esperar a que me regresen las llamadas, a que me den la cita con el director de *audición*, a que mis artistas tomen decisiones, a que me envíen los pagos prometidos. ¡Santa paciencia que he tenido que ejercitar de la nada! Porque todo llega para el que sabe esperar. Y si te sienten desesperado, o con prisas, la gente lo va a interpretar como que no te interesa la chamba o el proyecto, o mucho peor, te van a ver como un desagradecido que anda quejándose, mientras el resto del equipo apila cajas bajo el sol, monta y desmonta andamios o se la pasa cargando una pesada cámara al hombro durante horas.

Tu impaciencia y tu rechazo para esperar te pueden bajar tus bonos como actor o *team player*. Pareciera que esta profesión es muy individualista y solitaria, pero nada más alejado de la verdad. La actuación es un gremio, un negocio de grupo, de tribu, de familia. Y tú, en el cumpleaños de tu abuelita no te vas antes de que corten el pastel. Del mismo modo, como artista, te vas a tener que esperar a que el productor o el director grite eso de: *it's a wrap!* y saquen la pizza y las cervezas para celebrar el final de una larga jornada de filmación. Y tú, cansado o cansada, vas a tener que quedarte a compartir unos momentos de camaradería y diversión.

Si la fiesta es de lanzamiento o de promoción de tu proyecto, también vas a tener que ir con tus bolsillos cargaditos de paciencia a tomarte infinitas fotos, sonreír para los fans, ejecutivos, periodistas y demás almas presentes. Porque la paciencia te va a tener que acompañar desde el *trailer* en el que vas a esperar seis horas antes de salir a grabar hasta la alfombra roja en la que te van a hacer esperar una hora dentro del carro antes de que puedas bajar y empezar tus dos minutos de caminada, tus dos minutos de fama, como los veinticinco segundos de mi querida Carmen.

Como ves, en esta profesión donde tienes que esperar tu gran momento, tu gran audición, tu gran papel y tu gran oportunidad, la paciencia es sin duda la mayor de las virtudes. Empieza a practicarla hoy mismo cuando estés sentado esperando por tu momento en el banco, por tu número de grupo para abordar el avión, por tu cita médica en un lobby iluminado y lleno de gente o por tu café en Starbucks cuando gritan tu nombre: "¡Joe!" Yo, aunque se hayan tardado una eternidad, les doy las gracias y les sonrío.

A mí me pagan por buscar y consolidar las grandes oportunidades para mis artistas y a ti te pagan para actuar, esperar, audicionar, esperar, actuar, esperar y volver a actuar para volver a esperar.

LA ESPERA PRODUCTIVA

Los artistas se dividen en dos grupos: los que se la pasan esperando dormidos en sus *trailers,* enganchados del teléfono o metidos en su Instagram, o los que aprovechan esas decenas de horas muertas a la semana para estudiar y seguir creciendo, para mejorar o aprender algo nuevo.

Conozco artistas que aprenden idiomas durante las grabaciones de una película, practican yoga, se inician en la pintura, escriben sus propios guiones o simplemente aprenden de producción viendo al equipo en el set, tomando buena nota de todo lo que observan.

Tómate el tiempo de espera antes de que te llamen para entrar a una de tus audiciones como un espacio para la meditación. Cierra los ojos y medita en medio de los otros aspirantes que llegaron a la audición. En esa hora muerta, abre tu iPad, planea tu semana y tu estrategia. Si te toca esperar en una obra de teatro en la que solo sales de bailarín al final, llévate libros, lee los clásicos, guiones de películas legendarias o ponte unos auriculares y aprende inglés con acento americano. Si te cuelgas de tu teléfono, que sea para manejar tus redes sociales para tu carrera (como te explico en mi siguiente verdad), no para buscar novi@ o para ver qué hacen tus amigos.

Entre proyecto y proyecto, en esos días inciertos en tu casa, haz de la espera tu mejor aliada, y métete en clases de todo. Despierta temprano. Vete para el gym o acaba de leer este libro que ahora tienes en tus manos. ¡Esperar, divino tesoro!

Para terminar, no quiero dejarte pensando: "Ay, Joe, primero me dices que el trabajo de un actor es audicionar, ¿y ahora me dices que es esperar? ¿Estás insinuando que a nadie le importa nuestro arte?". Por supuesto que a ti te pagan por actuar. Eso es lo principal. Pero quiero que entiendas que la actuación viene acompañada de la audición, de la espera, de la perseverancia, de la templanza y que esta no es una profesión apta para cardiacos. Si eres medio histérico o histérica, vas a tener que educarte emocionalmente, como te dije, al igual que un monje tibetano.

EL TALENTO TE
LLEVARÁ HASTA
LA CIMA, PERO
LA PACIENCIA
TE MANTENDRÁ
EN LO MÁS ALTO
CUANDO OTROS
VAYAN CAYENDO.

VERDAD #13
TUS REDES SOCIALES SON TU NUEVO JEFE

"Las redes sociales se han convertido en una herramienta
y en un trabajo que complementa la carrera. Las redes nos
dan la oportunidad de conectar con nuestro público para
calibrar el resultado de nuestro esfuerzo, pero también para
establecer un vínculo y llegar a los corazones de nuestros
seguidores. Hay que utilizarlas con sabiduría. ¿Cómo te
quieres proyectar? ¿Cuál es el don o el talento en el que te
estás enfocando? ¡Llegó el momento de reinventarte!"

—SCARLET GRUBER

TUS REDES SOCIALES SON TU NUEVO JEFE

"En el pasado eras lo que tenías, ahora eres lo que compartes".

—GODFRIED BOOGAARD, EXPERTO EN MARKETING

¿Sabes quién es el jefe de las archifamosas Selena Gómez, Sofía Vergara, Kate del Castillo o J'Lo? Sus fans y, a través de ellos, ahora lo son sus redes sociales. Estas poderosas hembras del entretenimiento tienen el toro bien tomado por los cuernos. Obvio, todas son *multitasking* y manejan su Instagram personalmente, aunque seguro cada una tiene a su *community manager* que las asiste cuando ellas no tienen tiempo. Sin duda, la esencia de sus mensajes y el contenido tiene que pasar por ellas, ellas deben ingeniar ideas o aprobar contenidos, y de última, tomarse la foto o grabar sus videos. Por mucho equipo que tengan a su alrededor, al final son ellas las que deciden, trabajan, le mueven y le piensan.

Sin querer, las redes sociales son otro *full time job* que se agregó a sus múltiples responsabilidades y por eso hay que adaptarse o morir. Si no me creen chequen el caso de Jennifer Aniston que viene de la generación de medios de comunicación tradicionales y, por mucho que se resistió, se vio obligada a enlistarse en Instagram. ¡La Aniston rompió récord Guinness! En 2019, nuestra dulce y eterna Rachel sumó un millón de seguidores a las cinco horas y dieciséis minutos de abrir su cuenta, desbancando al Príncipe Harry y Meghan Markle, quienes ostentaban ese récord del millón de seguidores, pero en cinco horas con cuarenta y cinco minutos. Hoy, la Jen presume de 36 millones, y aunque no publica muy seguido, ha usado su Instagram *power* para vendernos algunas vitaminas y cremas, aunque muy tímidamente. Pero ni la austera Aniston ha podido resistirse a las oportunidades que brinda el mundo digital en esta nueva era.

Otras estrellas que no les temen a las redes y las manejan más a fondo son Sofía Vergara con sus 20M de fans, Salma Hayek con 17M, Eva Longoria con 8M o J'Lo con sus 133M. Todas se mantienen activas y diversificadas desde sus trincheras artísticas. Dentro de sus redes podemos ver sus más recientes trabajos, sus mejores fotos, así como las campañas publicitarias en las que se involucran; también nos permiten ver un poco de sus roles como madres, esposas y, obviamente, su labor social. Cada una de sus redes son un reflejo de su idiosincrasia, herencia cultural y creencias que reflejan su voz como artistas y como mujeres.

Parte del éxito es reinventarse o morir. Aquí estamos en el encuentro de Top Youtubers de Google Latinoamérica: Andrés Baida, Daniel Aldana, Sian Chiong y Elaine Haro.

Si pienso en las nuevas generaciones de artistas y en redes sociales, debo mencionar a Danna Paola (29M) o Sebastián Yatra (25M). Estos jóvenes supieron desde un principio que sus plataformas personales serían sus aliadas o sus enemigas, dependiendo de su manejo.

Para los nuevos artistas en desarrollo es básico que defina esa identidad e identifiquen al público al que están llegando vs al que quieren llegar. El tema de las estadísticas para muchos sigue siendo un misterio, pero hoy estudiando esos datos podrás ver claramente cuál es tu alcance y las interacciones con tu audiencia. He visto talentos en desarrollo que apenas se estaban dando a conocer, pero con mucho potencial, irse directos a la tierra del olvido después de sus estrenos mundiales a través de

Netflix. Ese ha sido el caso de algunos de los protagónicos de *La casa de papel* o *Élite* por mencionar algunos.

Para que te des una idea, te pondré de ejemplo a Andrés Baida, un joven actor emergente con mucho *punch* que tenemos en mi agencia, poco amigo de las redes. Andrés tenía escasos seguidores en su cuenta de Instagram. Tras el estreno de su serie *Control Z*, amaneció verificado y con trescientos mil seguidores. ¡En tan solo veinticuatro horas! Hoy, gracias a su carisma y esas fotos que él mismo sube a su cuenta de cuando en vez, ya ronda el medio millón de seguidores tras el estreno en Netflix de *¿Quién mató a Sara?*

Eso es un importante detalle, de lo primero que verán los directores de audición cuando les presente su nombre como opción para un nuevo proyecto. Obviamente no será lo único en lo que se fijen, como te explicaré más adelante, pero es innegable que los números cantan a la hora de decidir si un artista gusta o no gusta al público.

Recuerdo que no hace mucho, junto a otros actores, llevé a Elaine Haro, una de nuestras actrices *teen* de Latinvasion, a un encuentro con los Top YouTubers de Google Latinoamérica, donde le explicaron los entresijos de la magia del mundo online. Acto seguido Elaine se activó con su familia y abrieron su canal de YouTube con estrenos de videos originales cada semana, a la vez que inauguraron su cuenta en TikTok. En poco tiempo, ¡Elaine sobrepasó ya los 8 millones de seguidores!

Facebook, Instagram, Twitter, YouTube ... por muy puristas que seamos, tenemos que admitir que todas estas plataformas traen un mundo de posibilidades al artista que antes no existía. Y no solo me refiero a la posibilidad de promoción o de dar rienda suelta a tu lado creativo, sino a la posibilidad económica. Todos sabemos que una vez pases de cierta cantidad de seguidores, puedes comenzar a monetizar tus cuentas. Son muchos los artistas que, al igual que hacen los *influencers,* están recibiendo considerables ingresos sin necesidad de esperar a ser contratados para la próxima película o serie.

En resumidas cuentas, hoy en día a duras penas vas a alcanzar la fama y el éxito en cualquier campo creativo (sea la actuación, la música, artes plásticas, en el mundo culinario o incluso en el deporte), si no trabajas tus redes sociales. Cuanto antes lo aceptes, antes comenzarás a pavimentar tu camino al triunfo. El triunfo que va acompañado de tu talento como artista, como el caso de nuestra hermosa venezolana Scarlet Gruber. En nuestro año pandémico 2020 ella brilló estelarmente en *Quererlo Todo,* y en 2021 regresó con *Si nos dejan* (remake de *Mirada de Mujer*). Su presencia en redes sociales es potente... y si quieren una clase exprés de cómo debe lucir una cuenta idolatrada por sus fans vayan a su Instagram, ¡les va a encantar!

INSTAGRAM... ¡INSTA ÉXITO!

De entre todas las redes, Instagram es la reina para los artistas porque es fácil ver cuántos seguidores tienen, cuántos comentarios y *likes* dejan y las fotos del actor. Es como una pequeña ventana para ver qué tan conocida es la persona. En Facebook yo te recomiendo que tengas tu página oficial o *fan page* (que te permita sumar más de 5,000 seguidores). Si todavía no cuentas con admiradores, pídele a un amigo que la inicie para ti. Sería bueno que gente que ha visto las producciones o proyectos donde hayas participado los comente y te apoye públicamente. Cada comentario cuenta y genera nuevos comentarios.

En YouTube te recomendaría que subieras todo trabajo en el que salga tu cara y tenga calidad (en esto vamos a insistir: siempre calidad), e incluso generes tu propio contenido donde te puedas seguir luciendo como artista.

Mientras esperas tu gran momento y tu salto a la pantalla grande o a la pantalla chica, tanto Instagram como Facebook y YouTube pueden ser una entrada de dinero digna si te pones las pilas y comienzas a crear contenido que atraiga un buen número de subscriptores o seguidores. Solo te pido que tengas cuidado: eres un artista en el proceso de convertirse en profesional (o en dado caso, ya eres profesional), no eres *influencer*. Esta fina y delgada línea de separación te la explico en detalle más adelante, para que no creas que aquí revolvemos arroz con habichuelas.

TIKTOK

¿Y TikTok? ¿Qué me dices de TikTok, Joe? Mi respuesta es: igual que los modelos de iPhone, cuando te

Parece boda, pero es un "Dinner in White" con Scarlet Gruber.

compras el 10 ya sacaron el 11. Lo mismo sucede con estas otras plataformas de juego o *performance* en las que tienes que lucirte bailando, cantando o imitando. Primero fue Vine, de tono más humorístico, luego fue Musicly y ahora TikTok. ¡Es el sabor del mes en la heladería de la esquina!

Es cierto que a través de TikTok puedes demostrar tus dotes de actuación, desde comedia a drama, tu capacidad de doblaje, tu retención mental del diálogo y tus capacidades físicas y de baile. Esta plataforma que causa furor puede ser una herramienta para que practiques coreografías y hasta trabajes acentos regionales que en el futuro te pueden ayudar a conseguir algún papel en una teleserie.

Como aspirante a actor, admito que TikTok es una gran herramienta de trabajo para mantenerte en forma. Pero tampoco exageremos: es herramienta promocional, pero no significa que, porque todo el planeta te vio actuando un chiste de Polo Polo o imitando a Beyonce, el director de la nueva teleserie de Hulu te vaya a llamar. Insisto: es tu herramienta de trabajo, un gimnasio de actores, no tanto un elemento de promoción infalible. De hecho, TikTok es arma de doble filo y eso que brilla tanto a simple vista, puede terminar cortándose un dedo.

Hemos visto casos en los que la persona tuvo un éxito aplastante en TikTok, y luego, cuando fue a una audición le dijeron: "ah, eres ese chavo o esa chava que hacía el chiste de Pepito en TikTok". El director de casting ya no se pudo sacar esa imagen de la cabeza e inconscientemente decidió que el chavo o la chava no encajaba en el papel de abogado o asesina que andaba buscando.

TikTok es muy frívolo y el mundo de la actuación es muy exigente, selectivo y hasta esnob. Los guionistas, productores y directores ven su trabajo como un arte, no como un meme de teléfono, y solo quieren codearse con "artistas", no con personajes virales.

Por lo tanto: si no tienes TikTok, ábrete uno y comienza a darle. Mejora tu arte de interpretación, baile y doblaje. Haz esas escenas que de otra manera nunca podrías hacer. Juega a Tom Cruise en *Top Gun*, o a Carmen Maura en *Mujeres al Borde de un Ataque de Nervios*, pero nunca olvides que tú quieres ser artista, no TikTokquero. No permitas que un mal chiste te arruine tu carrera.

INFLUENCER, YOUTUBER Y ARTISTA

"Cara bonita, pero sin entrenamiento, niño, eres uno entre un millón". Le dice la directora de audición al protagonista de la serie *Hollywood* de Netflix cuando llega a pedir trabajo en una escena. En inglés es "a dime in a dozen". Yo usaría esta frase para todo rey o reina de redes sociales: podrás tener millones de *likes*, pero si no tienes entrenamiento de actuación, solo eres uno más o una más en ese infinito océano de "*nickels and dimes*".

No serías el primer *influencer* con más de diez millones de seguidores que intenta pasar al cine o a la música y el esfuerzo resulta un fiasco. Que seas creativo y astuto en tu YouTube o Instagram no es ninguna garantía que la vayas a pegar en las otras disciplinas artísticas. De hecho, directores y productores ya aprendieron la lección y apenas acceden a contratar a "*influencers* de profesión" para sus proyectos, porque han descubierto que, por poner a una cara conocida de las redes en su película no necesariamente arrastran a esos millones de fans digitales a ver la cinta. Cierto que ayuda un poco, pero no es una señal infalible que garantice que el *influencer* o *Youtuber* vaya a saber qué hacer en el set y vaya a saber actuar al nivel de los otros compañeros del elenco.

No te digo que sea malo que amases un millón de seguidores. ¡Al contrario! Pero vas a tener que venderte todos los días como actor o actriz, recordarles a tus seguidores que tú eres artista, no *YouTuber* o *influencer* de oficio. Porque tanto el *YouTuber* como el *influencer* de profesión son animales de otra jungla. De nuevo, no siempre conviene mezclar arroz con habichuelas, por mucha hambre que tengas.

Y LLEGÓ LA PANDEMIA

Esta historia es reciente y te la sabes. Llegó el coronavirus y nos cambió la vida a todos. Y la industria del cine y la televisión no fue la excepción. Las producciones se detuvieron por completo. Películas, series, programas, novelas, todo se congeló y quedó en el limbo. Fueron meses de confinamiento y muchos artistas astutos e inquietos comenzaron a reinventarse, a crear sus propios espectáculos digitales y ejecutarlos en casa con sus teléfonos. Otros se sentaron a escribir, cantar, pintar... algo que nunca habían hecho antes. Otros aprendieron a usar el *final cut* y a editar solitos el material que ya tenían grabado para subirlo a las redes. El artista se hizo todólogo y más independiente que nunca. El actor y la actriz comenzaron a llenar el mundo con su arte, a través de sus redes.

Desde principiantes a estrellas ya consagradas, todos, sin excepción, se pusieron manos a la obra y han llevado el contenido de sus plataformas a otro nivel, con colaboraciones de toda clase, lectura de monólogos clásicos, conciertos gratuitos y hasta novelas donde los personajes se pelean por Zoom.

Ya pasó tiempo desde que se inició lo de la pandemia y siento que esta nueva tónica va a perdurar. Todo artista que quiera conseguir trabajo va a tener que explorar sus dotes de productor, director o guionista e intentar crear sus pequeños proyectos en sus redes donde el mundo pueda ver de qué son capaces. La pandemia y su cuarentena nos enseñó que, si la novela no llega a ti, tú te tienes que inventar tu propia novela, corto, movie o infomercial en la cocina de tu casa.

El que quiere cantar, canta y no tiene que esperar a tener un estadio lleno para hacerlo. El que quiere actuar, actúa y no tiene que estar en un set con Guillermo del Toro para empezar a hacerlo. Como dicen en inglés: *show me the money*, a ver de qué pasta estás hecho o estás hecha. Graba una escena de *Amores Perros* y súbela a tu YouTube. Solo recuerda: calidad, no bajes la calidad. Cuando te digo calidad, no me refiero a que te gastes millones; tan solo te bastará con una buena luz o una edición más pensada. Si te digo calidad, quiero que le eches ganas, que seas exigente y busques la manera de obtener un mejor producto con lo que tienes a tu alcance.

DEMO REEL EN YOUTUBE

Antes, tu *demo reel* o *videobook* se quedaba en tu cajón en espera de contactos a quienes enviarlo. Hoy, lo cuelgas en YouTube. Ahí es donde debe estar. ¡Pero no lo desatiendas! Cada año, como te indiqué en la verdad anterior, lo tienes que actualizar y retirar la copia vieja de las redes. También asegúrate de que lo subes a IMDb. Como la duración promedio es de 1 a 3 minutos, puedes poner el enlace o la liga en la bio de tu Instagram, o ponerlo en tus datos de tu Facebook oficial.

Solo recuerda lo que ya te dije en otra de mis verdades anteriores: jamás subas una audición a ninguna de tus redes, ni lo incluyas en tu *demo reel*. Tienes que comprender que es material sujeto a *copyright*, y que terminarías demandado. Una audición no es asunto para presumir en redes.

CALIDAD, CALIDAD, CALIDAD

Cuidado con lo que cuelgas, no por poner mucho te va a ir mejor. Al igual que lo que hablamos en tu *demo reel*, todo lo que subas a tus redes tiene que ser de calidad, porque si entra el productor de moda a tu YouTube o Instagram y ve puro corto mal hecho, o fotos poco seleccionadas, se va a llevar una terrible impresión de ti y de tu trabajo. Imagínate que todo lo que ahora subes en las diferentes plataformas es tu nuevo *demo reel* de cara al mundo. Así de rotundo.

PERSONAL VERSUS PROFESIONAL

Ten extremo cuidado también con el tema de lo personal y profesional. Tus cuentas tienen que centrarse en un 50% de contenido profesional, salpicadas de un 50% de temas o momentos personales. Si solo cuelgas cosas profesionales, corres el riesgo que la gente pierda interés. El público busca cercanía en las redes y se la tienes que ofrecer para que te sientan presente, humano y accesible. Solo te advierto: que ese 50% de contenido personal sea igualmente de calidad, no bajes la guardia y, por supuesto, evita *posts* políticos o controversiales.

Ya que seas famoso, haz lo que te dé la gana y conviértete en activista de una buena causa. Pero, si estás iniciando en este maravilloso mundo de las producciones, limita tus publicaciones personales a tu perro, tu viaje de camping y tu paseo por la playa. Sobra que te diga que vas a tener que evitar *posts* de fiestas muy desenfrenadas, alcohol y otras situaciones comprometedoras. Todos tomamos tequilita de vez en cuando, pero no por eso parecemos anuncios de Don Julio.

EL AMOR EN LOS TIEMPOS DEL INSTAGRAM

Otro tema personal que te pediré que dejes fuera de tus redes es el de tu pareja. Todos mis colegas mánagers están de acuerdo conmigo: los artistas, principiantes o ya famosos, deben evitar publicar cosas muy intensas y acarameladas con sus novios o esposos. A la industria no le importa quién es el dueño o la dueña de tu corazón, y por experiencia, pareja que presume su amor en Instagram, pareja que se separa como J'lo y Arod. Es como una maldición de los tiempos modernos, así que mejor no incluyas a tu amor en tus redes oficiales y sé feliz con tu amor en un plano un poco más privado.

Esto no significa que por tener novi@ ya no te vayan a contratar, como decían en los 80 a los cantantes pop o a los galanes de novela. Es simplemente que los asuntos de amores nunca han beneficiado a ninguna carrera. ¡Ni siquiera los que terminan en escándalos! A la larga perjudican más que benefician. Te pueden subir la popularidad entre la audiencia, pero no necesariamente te harán más interesante a los ojos de un director o de un productor. No te creas que porque fuiste novia de Ronaldo o Maluma te van a dar un estelar en la próxima película de Woody Allen. Como mucho te invitarán a algún espectáculo de tertulias a media tarde hasta que surja otro desamor más interesante que el que tú protagonizaste.

Moraleja: guarda tus amores en un cajón especial, no los niegues ni los ocultes, pero no conviertas tu Instagram en una novela rosa llena de besos que en un mes ya quieras borrar. No gastes tu espacio y tu energía y dirige la atención hacia tu arte, no tu vida de cama.

QUÉ LE PONGO, QUÉ LE QUITO

Como esta verdad sobre las redes es sumamente importante y complicada a la vez, aquí te resumo en una cómoda lista lo que yo te recomiendo que le pongas y que le quites a tus publicaciones para que te ayuden a acercarte a tu sueño de ser actor. Si ya lo eres, espero que estos puntos te refresquen la memoria para que tu Instagram no te juegue una mala pasada.

1. **No *posts* intensos de "el amor de mi vida"** y "juntos para siempre" como ya te dije.

2. **No pongas miles de fotos en bikini o sin camisa.** Sube más con ropa. Si enseñas tu cuerpo que sea en la playa o en una foto artística. Lo que importa es el contexto.

3. **Cuidado con los filtros que te alejen de lo natural.** Hay algunos que usan tantos filtros que de una foto en el mar sale agua Zoe embotellada. Un actor o actriz de verdad no se desfigura la cara en una foto que va a ver medio mundo. Eso te quita toda credibilidad como profesional.

4. **Sube variedad.** Actúa como el editor de tu propia revista. Incluye fotos de cuerpo completo, *close ups*, plano medio, fotos esquiando, bailando, trabajando o con tu perro. La variedad te hará más tridimensional.

5. **Si no cantas muy bien, te pido que no subas ningún clip** casero desafinando en fiesta o karaoke. ¡Por favor, no! Luego los intentas borrar y ahí siguen, no desaparecen. Si no eres Alejandro Fernández, no cantes nada a capela con dos copas encima y lo subas a tus redes creyéndote el simpático o la chistosa. ¡No, no, no! Si Spielberg busca nuevo actor para su película y te encuentra

cantando mal, ya se le quitan las ganas de contratarte para el papel que sea. Es psicológico: cantar mal es un ridículo muy grande, aunque tú no pretendas ser cantante. Así que abstente de serenatas en las redes a menos que seas Pavarotti.

6. **No etiquetes en tus *posts* sin ton ni son a gente de la industria.** Yo, personalmente, no creo que eso funcione. Si quieres contactar a ese mánager o productor con el que deseas trabajar, mejor hazlo por los métodos convencionales, sin añadir sus nombres a todas tus fotos o *posts* públicos.

7. **Nunca subas nada de lo que algún día te puedas arrepentir.** Porque, como dijo Jure Keplip, famoso conferencista y experto en marketing, "si lo que ocurre en Las Vegas se queda en Las Vegas, lo que ocurre en Twitter o Instagram se queda en Google para siempre".

8. **Deja la política para los comentaristas políticos.** Tú no eres diputado ni senador. Eres artista. No te cierres puertas antes de llegar. Ya que seas Tom Hanks, si quieres te subes al caballo de las causas políticas y todos te aplaudirán.

9. **No borres, solo archiva.** Recuerda que las redes tienen sus medidores. Si de repente te aburres de algunas de tus fotos, truenas con tu amor de turno, etc. al borrar *posts* afectarás el algoritmo de tu cuenta y por ende tu crecimiento o *engagement*.

10. Y, por último, pero tal vez lo más importante: **no pongas nada de mala calidad**. Ya te lo mencioné antes, pero tengo que repetirlo: todo lo que publiques debe estar hecho con mimo y cariño, desde una simple foto en un picnic a un video creativo con tus amigos. Recuerda que lo espontáneo en tus redes no tiene por qué estar reñido con la calidad.

Espero que con todos estos *tips* ya estés preparado o preparada para ponerte al servicio de tus redes. Escúchalas, cumple con ellas, cuídalas, aliméntalas. No puedes quedarte rezagado. Si quieres que el mundo te conozca, tienes que investigar, encontrar tu nicho y darle forma a tu imagen y tu mensaje. Solo así lograrás conectar y crear tu grupo de fans que un día te puedan impulsar hacia arriba y que te ayuden a ser parte de una buena producción.

¿Quieres que te encuentren en el infinito mundo del entretenimiento? Ponte a trabajar para tus redes, pero sin olvidarte que eres artista y ese es tu objetivo final.

VERDAD #14
VAS A TENER QUE APRENDER A AHORRAR

"Cuando estés en la cresta de la ola, vas a tener que aprender
a no despilfarrar lo ganado. ¡Eso es de nuevos ricos! Y
el dinero, como el agua del mar, como llega se va".

—ROBERTO PALAZUELOS

VERDAD #14

VAS A TENER QUE APRENDER A AHORRAR

> "Al sueño de ser gran artista y de lanzarte a por todo hay que sumarle ser precavido e ir aprendiendo de los tropiezos de la vida".
>
> —JOE BONILLA

Mi última verdad. Llegamos a la revelación número 14 de esta aventura. Y es una verdad de las que duele: el artista que no sabe ahorrar termina mal, aunque sea el rey del mambo.

Esta profesión no te ofrece un cheque quincenal, ni una estabilidad. Eso no hace falta que te lo recuerde. Lo que te voy a recordar son algunas historias tristes de actores que conoces, y otras historias de éxito de aquellos que astutamente supieron manejar sus finanzas y hoy duermen tranquilos, con propiedades pagadas y ahorros en el banco. Porque para vivir de actor no tienes que ganar tanto como Tom Cruise, sino saber balancear tu chequera y no gastar a lo pendejo. Mira qué simple, ahorra $10 diarios y en diciembre tendrás $3,650. Algo es algo, pero debes hacer el hábito. Piensa que esto de la fama es pan para hoy y hambre pa' mañana.

Si busco en un caso real de artista que ganó a manos llenas durante una temporada o incluso décadas y que hoy no tiene ni techo que lo cobije, tristemente son muchos los nombres que me vienen a la mente. Por respeto a estos artistas y colegas, no los voy a mencionar. Pero sí te contaré que estrellas consolidadas, divas de la televisión que hicieron fortunas, que vivieron rodeadas de caviar, champán y limusinas, hoy viven en casas de algún familiar, y llaman desesperadas a antiguos colegas pidiendo trabajo. Se me parte el alma. Las admiro y las quiero, y me gustaría verlas en mejores condiciones porque conozco sus talentos.

APRENDE DE ROBERTO PALAZUELOS

Mi gran amigo Roberto Palazuelos es idóneo como ejemplo de quien sabe lanzarse en clavado al mundo del *show bizness* y capitalizarlo. Lo conozco desde hace muchos años y siempre me pareció un tipo inteligente, muy lejos de su zona de confort y con mucha sed de labrarse un futuro. Por aquellos años yo era periodista y él ya había iniciado sus primeros pasos como actor. Lo que más me sorprendía era que un chavo tan joven mostrara tan buena capacidad empresarial para hacer varias cosas al mismo tiempo. Mientras todos sus colegas de reparto se quedaban en la cama hasta pasado el mediodía, Roberto se iba a desayunar con este y aquel, para ver si invertía en empresa, proyecto o negocio que le dejara un dinerito para ir sobreviviendo hasta que llegara su siguiente novela.

A Palazuelos se le notaba su educación a la distancia: en su porte, en su manera de hablar, de conducirse y hasta de caminar. Luego me enteré de que su padre era igualmente un hombre culto y le dio una buena educación. De hecho, Roberto tuvo que emigrar a Londres para poder ser actor. En su casa no lo aprobaban. En la capital del Reino Unido, El Diamante Negro tuvo que trabajar de lavaplatos. "Vivíamos nueve en un depa con tres camas y varios *sleeping bags*," me cuenta mi amigo cuando le pido que me hable de sus comienzos, "apenas me alcanzaba para pagar mi parte de la renta, el transporte, comida muy básica y tal vez un cine de domingo".

Con esta vida bohemia lejos de papá, Roberto aprendió a tenerle respeto al dinero y a no despilfarrar. Él mismo me confiesa que ser visionario no es suficiente, que en esta industria no basta con querer ser el mejor, o soñar en grande. Al sueño de ser gran artista y de lanzarte a por todo hay que sumarle ser precavido e ir aprendiendo de los tropiezos de la vida. Básicamente, Palazuelos te invita a tener un pie en las nubes y otro en tierra firme, cerca de tu chequera y tus ahorros.

Roberto continúa relatándome su odisea y hace hincapié (al igual que yo te dije en mis anteriores verdades) en la importancia de las relaciones y de la gente de la que te rodeas. Estando en Inglaterra, el joven Palazuelos conoció a los hijos del futuro presidente de México y luego, al regresar, eso le abrió muchas puertas. Conoció gente muy importante y sacó provecho de cada experiencia. No solo se supo relacionar con la exótica fauna del cine y de la televisión, sino que buscó contactos en otros campos, como los negocios o la política.

Así, sin dejar de soñar en la misma medida con el arte que con los negocios, y con su primer dinerito ganado en sus primeras producciones, Roberto inauguró a sus veintiún años su primer restaurante. En poco tiempo lo vendió y con la ganancia se fue a seguir perfeccionando sus dotes de actor a Los Ángeles, donde se inscribió en cursos y buscó a los mejores maestros. "Creo que hay que aprender a observar y a escuchar. Yo me convertí en erudito leyendo, estudiando y escuchando a los que sabían más que yo en todos los campos", me explica Roberto. "Como actor entendí siempre que había que continuar preparándose porque la fama y la popularidad, aunque son muy bonitas, pueden ser pasajeras. Tu labor es ver cómo te mantienes, porque nada es para siempre".

Yo fui testigo de este constante aprendizaje y crecimiento de Palazuelos. Cada vez que me lo cruzaba en una cena o en una fiesta, yo admiraba cuánto sabía de leyes y de contabilidad. Era un visionario innato y un empresario con olfato para reconocer las oportunidades, fueran artísticas o empresariales. "Muchos se rieron de mí", me confiesa cuando le recuerdo aquellos años en los que abrió su primer hotel en Tulum cuando esa bella parte de la Riviera Maya no contaba ni con suministro eléctrico. "No faltaban amigos actores que me dijeran: ¿cómo te va en tu hotelito sin luz?". Pero Roberto, haciendo caso omiso de las burlas, nunca puso los huevos en una sola canasta. "¡Los puse en tres! Tengo mi carrera jurídica que me ha dado muchas satisfacciones, mi carrera como actor y mi faceta de empresario que sin duda es la que más disfruto". Me presume con razón, pues no todos hemos abarcado tanto en la vida.

Por cierto, sobra señalar que Tulum se ha convertido en otro Ibiza donde ahora todos quieren comprar terreno, pero el rey en ese paraíso es y seguirá siendo Palazuelos, quien ya está a punto de abrir dos nuevos hoteles, además del Ahau y Diamante K, que generarán muchos empleos y glamur a la zona.

Si le pido a mi buen amigo que comparta algunos de sus secretos para saber nadar en el mundo de la actuación y guardar la ropa a la vez, me contesta con la misma idea con la que iniciamos su relato: las relaciones. "La cuestión es rodearte de gente fregonas que sepa más que tú", insiste con firmeza, "con gente que te sorprenda y que te rete. Y cuando estés en la cresta de la ola, que no te gane el ego; vas a tener que aprender a no despilfarrar lo que has ganado, eso es de nuevos ricos y como el agua del mar, como llega se va".

CASA Y CARRO

Por eso, a mis nuevos artistas les digo de entrada: ¡no hagas como los nuevos ricos! No salgas corriendo y te compres unos zapatos Chanel o un Rolex. Con tu primer trabajo, tienes que pagarte dos cosas esenciales que te darán la libertad de continuar con tus castings por tiempo casi indefinido: una casa y un carro. Tan sencillo como eso. Una vez tengas tu casa y tu carro, empezaremos con el plan de ahorros y otras inversiones. Cincuenta mil dólares ($50,000) pueden sonar a mucho cuando tienes 18 años, pero tú no sabes cuándo vas a volver a ver un cheque de ese calibre. Si eres afortunado, ese número ascenderá a $500,000 y si llegas a las primeras ligas, estaremos hablando de cinco millones.

El problema de un artista es que, cuanto más gana, más gasta. Sube su nivel de vida, su *entourage*, las expectativas de sus fans que los quieren ver bajarse de un Mercedes, que las quieren ver vestidas de Prada todo el día y de peluquería de lunes a viernes. Entonces, los 5 millones se quedan en 1 millón después de gastos.

Ganes cinco, cincuenta o quinientos. Ganes en dólares, euros o en pesos, debes ahorrar, planear, asesorarte con expertos de verdad y dejar de escuchar a tu primo o tu cuñado que te insisten en que abras con ellos una taquería o un puesto vegano. Ni siquiera Palazuelos invirtió a lo tonto. Él lo hizo porque también estudió y se preparó para ser empresario. Pero si tú no tienes la vena empresarial, no te metas en líos. ¡He visto a tantos artistas abrir y cerrar restaurantes que ya perdí la cuenta! Mejor invierte en propiedades, que esas no te las comes ni te las roba tu socio. Compra acciones - aunque sean 100 dólares - en Apple, Amazon, Netflix o alguna línea aérea. Y, en caso de que decidas seguirle los pasos a Roberto, si decides iniciar un negocio en serio, estudia con calma tus posibilidades y asóciate con verdaderos profesionales. Recuerda las palabras del maestro: "la cuestión es rodearte de gente más fregona que sepa más que tú".

VACAS GORDAS Y VACAS FLACAS

Esta es una industria de vacas gordas y vacas flacas. Eso nadie lo pone en duda. Hasta el mismo Bruce Willis ha pasado sus décadas en las que apenas sacó una película y tuvo que esperar a que regresara su buena racha.

Lo que le pasa al artista que no ahorra es que se desespera en época de vacas flacas y tira la toalla. "Lo siento, Joe, tuve que buscarme un trabajo de 9 a 5, ya no podré ir a las audiciones", me han llegado a decir algunos actores o actrices a quienes yo les llegué a conseguir en el pasado papeles recurrentes en series populares. Con lo que ganaron en esas series en un año, si hubieran vivido moderadamente, apretándose un tantito el cinturón, hubieran sobrevivido dos años. Dos años en los que podrían haberse dedicado día y noche a audicionar, a seguir preparándose y a esperar la siguiente oportunidad. Como dijimos en la verdad anterior: esperar es otro requisito y otro arte que hay que saber ejecutar a la perfección en esta profesión. Pero esperar no es gratis. En esos periodos entre proyectos tienes que comer, pagar techo, tu teléfono, tu gimnasio y cuidarte.

LA CIGARRA Y LA HORMIGA

Casa, carro, ahorros, y a esta lista de seguridades yo le añadiría otra: retiro. ¿Cuántos actores o actrices siguen consiguiendo papeles pasados los 50? Con estos cálculos, si te esperas a los 40 para empezar a poner dinerito en un fondo de pensión, te informo que ya vas a llegar tarde. Si esperas que a los 64 te llegue un cheque de tu sindicato de actores, bien sea en México, Argentina o Estados Unidos, y que eso te alcance para comer, estás equivocado.

Mi intención no es amargarte la fiesta ni traumarte. Con esta última verdad sobre esta profesión y este mundo del entretenimiento que tanto nos atrae y nos fascina, solo quiero que abras los ojos y, como en la fábula de *La Cigarra y la Hormiga,* pienses en la llegada del invierno.

Aunque tengas corazón de artista, como la cigarra cantarina, ejercita la mentalidad de hormiga y comienza a almacenar granitos en tu hormiguero. Debes tener corazón creativo y cabeza de contable. Porque yo conozco a una cigarra que bailaba divino y que enamoró al mundo al son de su violín. Hace algunos inviernos la encontraron tiritando de frío en el Boulevard de Las Vegas, sin lugar donde cobijarse. Ella misma lo cuenta para inspirar.

LA TESORITO SABE ATESORAR

Para no terminar mi última verdad en nota triste y no dejarte mal sabor de boca en esta aventura que emprendimos juntos y ya casi toca a su fin, me gustaría contarte otra historia de éxito, también de otra gran amiga que quiero y admiro mucho: Laura León.

Como nuestro querido Palazuelos, Laura supo nadar y guardar la ropa. A un nivel más moderado, pero Laura supo igualmente ganar y ahorrar, comprar su hogar e invertir conservadoramente. Hoy en día, nuestra Tesorito sabe vivir bien sin derrochar y tiene su vida cómodamente asegurada. Laura es todo un ejemplo para las jóvenes y los jóvenes que aspiran a convertirse en leyendas y nunca más pasar hambre.

Porque eso de *starving artist* ya no se lleva. *Aspiring* sí, *starving* no.

BONUS TRACK

Sin apenas darnos cuenta, ya llegamos al final de estas verdades, pero, como decían los dibujos: ¡no se vayan todavía, que aún hay más! Porque yo, que siempre quiero más, y espero más de la vida, y sueño con más, no querría

que se me quedaran en el tintero ni caigan en saco roto otros consejitos que me han ido regalando por el camino, en estas tres décadas en el mundo creativo.

Number one: Vas a tener que convertirte en el rey o la reina del *networking*. Sin *networking*, por muy buen mánager que tengas y agente muy chingón, te vas a perder buenas chambas. No creas que por tener equipo ya te puedes quedar en casa viendo Netflix todo el día. Un verdadero artista se apunta a toda presentación, cocktail, alfombra roja o reunión donde sus colegas lo van a ver y se va a tropezar con los *decision makers*, con aquellos que toman las decisiones. No serías el primer actor o actriz que se suba a un elevador con Almodóvar y luego "su gente" llame a "tu gente" con curiosidad de saber más de ti.

Es en las distancias cortas donde tú te la juegas. Por ello, ve a los eventos, actúa con naturalidad, no muestres desespero ni seas intenso ni latoso. Solo intenta salir de la fiesta con el mayor número de contactos posibles, pero sin acosar a nadie a la entrada del baño para sonsacar ese número de teléfono. Usa tu sentido común, deja tu timidez en casa, y sal a buscar a la suerte, porque la suerte no te va a encontrar en tu sofá.

Recuerda que esta es una industria de tribu y tienes que ser parte de esta tribu y esta gran familia. Luego, no te olvides del famoso *follow up* o seguimiento. Un texto corto diciendo "gracias, fue un placer conocerte" o "un gusto volverte a ver, quedamos en contacto", le demostrará a la persona que verdaderamente estás interesado o interesada, pero que a la vez sabes guardar las distancias y eres paciente. ¡Suerte con tu *networking*!

Number two: El talento no lo es todo. Esto me lo compartió mi gran amigo Carlos Galán, empresario internacional que cuenta con cinco restaurantes en diferentes países. Carlos entrevistó a 45 de sus amigos emprendedores e igualmente triunfadores y les pidió que le dieran tres o cuatro claves para alcanzar el éxito en la vida. Entre los entrevistados se encuentran médicos, artistas, políticos, ejecutivos, chefs, militares, deportistas y ¡hasta la mamá de Carlos!

Curiosamente, ninguno mencionó el talento como ingrediente básico o imprescindible del éxito. Los que mencionaron y repitieron, en su mayoría, fueron: **determinación, constancia, perseverancia, disciplina, pasión, ilusión, tener un propósito o visión, crear equipo, ser generoso, fe, humildad, paciencia, integridad, empatía, inteligencia emocional, resiliencia, preparación, formación, curiosidad, adaptación, flexibilidad y... sentido común.**

Soy consciente de que así, de golpe, esta larga lista de cualidades puede apabullarte, por lo cual solo te pido que hagas un círculo sobre aquellas que crees que ya tienes y que te hagas una promesa (y un plan específico) para adquirir dos o tres de aquellas que todavía te faltan. Nadie puede tenerlas todas, pero no estaría de más que comenzaras a hacer crecer tu propia lista de herramientas para llegar tan lejos como te lo propongas.

Number three: Escucha al productor. Los productores son los jefes de los directores de audición. Son quienes deciden a la hora de la verdad. Piensa que pueden llegar a tener hasta más poder que el director de la mismísima película, al cual ellos también contrataron.

HASTA LUEGO, TE VEO EN LAS REDES

Hasta aquí mis verdades, consejos, vivencias y pequeñas dosis de inspiración que espero te hayan servido de algo. Antes de despedirme, vuelvo a retomar la pregunta con la que arranqué esta odisea de mi primer libro: ¿Dices que quieres ser artista? Si después de todo lo que te conté (y con el nivel de honestidad que te lo conté) no te espanté y tu respuesta es: "Sí, **Joe quiero ser artista**", te felicito y me emociono contigo, porque has elegido conscientemente y sin rodeos seguir el camino de esta profesión del entretenimiento que a mí tantas satisfacciones me han dado.

Si tu respuesta es sí, no quiero perder el contacto contigo, ahora que ya terminas de leer mi libro. Por eso te invito a que me sigas la pista en las redes sociales, etiquetándome en tus trabajos, *posts* y comentarios que yo te prometo que leeré con mucho gusto y responderé personalmente. Puedes usar #JoeBonilla #Joequieroserartista, o simplemente #Joequiero. Igualmente te invito a que te subscribas a mi canal de YouTube donde cada semana continúo explorando más consejos y técnicas de actuación de la mano de artistas consagrados, con quienes me adentro en conversaciones muy íntimas. Pláticas en las cuales estas admiradas celebridades nos regalan sus secretos y trucos de la industria.

Insisto: si realmente quieres ser artista, sé parte de la plática, déjame tus comentarios, porque hoy todos estamos conectados y no tenemos código de área. Estudiantes y maestros, mánagers y artistas, productores y escritores, somos una misma comunidad, una gran familia. No hay límites ni fronteras en el mundo del arte y del espectáculo y para mí será un honor y un privilegio seguir motivándote más allá de estas páginas.

Espero de corazón encontrarte en uno de mis próximos seminarios o charlas y saludarte por Facebook, Instagram, Zoom o en persona. Espero que ese día traigas este manual todo escrito y garabateado y me muestres todo el trabajo que hiciste en torno a estas sencillas verdades que aquí te he compartido. También espero que cuando te pregunte en persona o en mis redes: "¿De veras?", tú me respondas: "Sí, Joe, ¡claro que de veras quiero ser artista!"

Porque, el primer paso para **poder de veras** es **querer de veras**.

"LO QUE PIENSES,
LO SERÁS,
LO QUE SIENTAS,
LO ATRAERÁS.
LO QUE IMAGINES,
LO CREARÁS".
–BUDA

JOE'S GYM:
PONTE LOS TENIS

Como te prometí al principio, aquí te pongo a tu disposición un pequeño gimnasio virtual, imaginario, en el que juntos vamos a ejercitar cada verdad que te he regalado. Seguido a cada ejercicio, te dejo un espacio en blanco al que yo le llamo tu *"write it down"*, tu lugar para tomar notas, garabatear o inspirarte y escribir tus propias ideas, planes u objetivos.

VERDAD #1
EL ARTISTA NO NACE, SE HACE

EJERCICIO: CURSILLO DE TRES MESES

En esta primera verdad, el primer ejercicio es buscar un curso de actuación presencial u *online* que todavía no hayas tomado, te

suscribas y lo termines antes de tres meses. Cuando lo completes, regresa a tu *"write it down"* y escribe en un par de párrafos lo más valioso que hayas aprendido en esa clase.

EJERCICIO: LAS DOS LISTAS

En este otro ejercicio práctico quiero que confecciones dos listas. En una, enumera qué deportes espectaculares y dramáticos dominas: esquí, esquí acuático, paracaidismo, submarinismo, esgrima, equitación. También puedes apuntar otras habilidades o disciplinas que se te den bien: si tocas algún instrumento, practicas artes marciales, bailas, cantas, imitas o haces voces.

En la otra lista, enumera tres cosas que crees que debes aprender este año para seguir añadiendo *skills* a tu primera lista. Una vez lo ves en papel te das cuenta de cuánto te falta para ser ese artista 360 del que te hablo y al cual todos buscamos.

VERDAD #2
TU MENTOR

Si ya tienes un mentor, alguien con quien has compartido, aprendido y continúa presente en tu vida, tu única tarea va a ser llamarlo y pasar una tarde con él o con ella. Ve, recarga baterías, escucha atentamente, coméntale lo que estás aprendiendo en este libro y anota luego aquí, en tu espacio de *write it down*, al menos un nuevo consejo o enseñanza que te dé durante ese rato juntos.

Si todavía no elegiste mentor o la vida no te regaló uno, tu tarea es salir a buscarlo. Habla con algún profesional y pídele que de vez en cuando te escuche, que sin compromisos ni *business* de por medio, platique contigo de vez en cuando. Es todo lo que se necesita: alguien profesional y sensato que te escuche.

VERDAD #3
TUS ÍDOLOS

Ahora, ponte tus tenis y a trabajar. Quiero que elijas uno de tus actores o actrices favoritos y busques su libro, su biografía autorizada o no autorizada. Si encuentras dos, mejor. Compra los dos. Desde Madonna a Al Pacino, Sylvester Stallone o Arnold Schwarzenegger. Yo me leí recientemente la de Demi Moore y la devoré en dos noches. ¡Está buenísima!

Busca esa biografía y léela, reléela y subráyala como libro de texto en la escuela. Luego, regresa a tu espacio de *write it down* de este capítulo y escribe dos cosas que te impactaron de esa vida que acabas de leer. Dos episodios en los que tu ídolo sufrió y superó algo grande.

Después, anota dos decisiones buenas que tomó en su carrera y a dónde le llevó cada decisión.

Para terminar, anota dos decisiones malas que tomó tu personaje elegido en el campo laboral y cómo le afectaron en su carrera. Añade brevemente qué hubieras hecho tú si hubieras estado en sus zapatos.

No te invito a que hagas este último ejercicio con ánimo de juzgar a tu ídolo ni a que te creas más chingón o más chingona que tu admirado personaje. Simplemente quiero que veas las cosas con perspectiva, porque te podría sorprender cómo la vida te puede poner a ti en ese mismo escenario en menos tiempo del que te crees y entonces dirás: ¡ah, déja vu! Esto ya me lo sé, le pasó a Demi. Y gracias a Demi, no me va a pasar a mí. Conociendo los tropiezos o aciertos que ha tenido esta figura, podrás al menos no tropezar con la misma piedra, como cantaba Julio Iglesias.

Y, ahora: ¿ya decidiste qué biografía te vas a leer, y quién es tu ídolo del cual te vas a declarar *groupie* total?

VERDAD #4
SIN EQUIPO NO METES GOL: EL MÁNAGER

Enróllate las mangas y manos a la obra. Anota los tres mánagers de tus sueños. Ya tendrás una idea de con quién deseas trabajar. Ya te dije que no te dará resultados eso de *stalkear* (acosar) a tu futuro *REP* en público. Tu labor ahora es indagar todo sobre ellos, sus credenciales, la página de agencia, los clientes en su *roster* y también las redes. No dejes para mañana lo que puedas hacer hoy: prepara ya tu email de autopresentación en donde vas a lanzar el anzuelo al mánager ideal.

1. Anota los tres mánagers de tus sueños. Tu labor es indagar todo sobre ellos, sus credenciales, la página de agencia, los clientes en su roster y también las redes.

2. No dejes para mañana lo que puedas hacer hoy: prepara ya tu email de autopresentación en donde vas a lanzar el anzuelo al mánager ideal.

VERDAD #5
VAS A TENER QUE PRACTICAR TEAMWORK CON EL RESTO DE TU DREAM TEAM

Ya tienes claro el mapa de cuáles son los jugadores de tu futuro equipo. Recuerda que la mesa tiene cuatro patas con las que se sostiene y tú eres solo una de ellas. Para triunfar hay que aprender a escuchar, confiar y delegar. Para que sigas enriqueciendo tu conocimiento es momento de recurrir a Google para que puedas conocer más a fondo esas agencias de talento de la industria que te mencioné en el capítulo. Te servirá de mucho ver los artistas que actualmente son sus clientes para que conozcas sus perfiles. Así podrás visualizar en cuál de ellas te ves. Haz lo mismo con los publicistas en tu país. Indaga, pregunta y pide recomendaciones de quiénes son los publicistas TOP. Puedes hacerlo también en el perfil de IG de tus actores favoritos, ya que usualmente salen las redes de sus RP's. Por último, aprende un poco de leyes y checa quiénes son los abogados de la industria del entretenimiento más conocidos en el mundo del espectáculo. Créeme cuando te digo que ellos son un mal necesario y es mejor tenerlos cerca y bien ubicados.

VERDAD #6
FAMILIA

Aquí te van tres ejercicios para crear, valorar y respetar a tu familia, si no quieres ser lo que el viento se llevó en esta industria, por falta de raíces:

1. Anota el nombre de tus tres mejores amigos o familiares más cercanos y junto a sus nombres, escribe en qué áreas te sientes cómodo confesándote con ellos. Por ejemplo: mi pana Jóse para hablar de dinero, mi amiga Gloria para platicar de la vida en general, y mi amiga Soli para ahogar las penas por *Zoom*.

2. Escribe: ¿a quién le tienes más respeto a la hora de las críticas? ¿Quién es más duro contigo?

3. De tus seres queridos: ¿quién es el que te sube más la moral, tu *cheer leader* número uno?

VERDAD #7
TU *HEADSHOT*

En este espacio de ejercicios y puesta en práctica solo te pido que mientras encuentras al fotógrafo, ensayes un poco. Elige tres camisas o blusas. Arréglate un poquito y, con tu teléfono colocado en un pequeño tripié o sobre un soporte, hazte fotos, prueba diferentes ángulos, sonrisas o cabellos. Así, cuando vayas a tu sesión profesional, llegarás con tu autoestima arriba, relajado y relajada, y conociendo tu potencial, tu esencia y amando tu naturalidad. Porque hasta para ser casuales hay que practicar.

Otro ejercicio recomendable: si ya tienes *headshots* profesionales hechos, envíamelos por mensaje privado a mi Instagram o compártelos con otra gente del medio. Escucha con humildad todos los comentarios. Después de todo, no tienes nada que perder… y mucho que ganar, en este mundo donde una imagen vale más que mil palabras.

VERDAD #8
AUDICIONAR
CONSEJOS VALIOSÍSIMOS DE GRANDES EXPERTOS

Como un regalo más para ti que mostraste interés en mi libro, puse a trabajar a algunos de mis directores de *casting* favoritos. Les pedí que nos regalaran sus más íntimos consejos, esos que valen su peso en oro.

Estos profesionales de las grandes ligas son Mercedes Gironella, Juan Pablo Rincón, Ana Vega, Sandra León Becker, Isabel Cortázar, Jessica Caldrello y Anilú Pardo. Todos igualmente talentosos y exitosos, con suficientes años de experiencia para darnos cátedra y *máster class* sobre el tema. A cada uno le pedí que me compartiera lo que sí esperan en una audición y lo que no: los famosos *do's* y *don'ts*.

Tu *workout* esta vez va a ser leer cada consejo y luego, si quieres, en tu espacio de *write it down*, anota los 5 últimos *castings* a los que has ido o has entregado por video. Señala dónde crees que podrías haberlo hecho mejor, en base a lo que te dice este *dream team* de expertos. No te juzgues duramente, solo analízate de manera profesional. Juega a ser tu propio maestro, tu propio "Joe" evaluando tu trabajo y no te lo tomes personal... ¡Ni contigo mismo! Ya tú sabes....

El Dream Team del casting y sus respuestas:

A.3 TIPS PARA QUE UN ACTOR PUEDA SALIR AIROSO A LA HORA DE PRESENTARSE A UN CASTING

ANA VEGA: DIRECTORA DE CASTING ARGOS

1. Tener aprendida su escena y con una propuesta del personaje.
2. Llegar presentables y mujeres sin tanto maquillaje.
3. Apegarse a las indicaciones del director de *casting*.

ISABEL CORTÁZAR: DIRECTORA DE CASTING CORTÁZAR

1. Genera tus personajes, no pienses que una audición consiste solo en llegar a tiempo con el texto aprendido de memoria.
2. No permitas que problemas de ego o disciplina te arruinen tu momento.
3. Una vez llegues al *casting*, déjame ver tu propuesta de personaje, compleja y bien delineada.

SANDRA LEÓN BECKER: DIRECTORA BECKER CASTING STUDIO

1. Preparar su escena completa con la información que se les da.
2. Hacer las preguntas necesarias al director de *casting* para hacer un buen trabajo, pero que sean preguntas concretas.

3. Mostrarse interesado o interesada en el proyecto.

JUAN PABLO RINCÓN: DIRECTOR HISPANICAST

1. Recomiendo tomarse el *casting* en serio, pero un poco como un juego, o como una escena de un día normal de trabajo, para quitarle esa tensión tan incómoda a la prueba.
2. Tener siempre un plan B. Además de llevar la escena aprendida totalmente, crear una propuesta acorde a la estructura de la escena, pero más libre. A veces los directores te piden que improvises un poco.
3. Salir del *casting* y soltar. No obsesionarse con lo que no salió bien. Mejor evaluar cómo fue tu desempeño en general y qué errores específicos puedes mejorar a la próxima.

MERCEDES GIRONELLA: DIRECTORA DE CASTINGMANIA

1. Llega con la letra perfecta para poder jugar.
2. Llega en modo neutro, dispuesto y flexible para crear.
3. Llega puntual a la audición. Eso significa que tampoco llegues mucho antes.

JESSICA CALDRELLO: DIRECTORA CASTINGBY

1. Sentir, apropiarte del texto y dejarte llevar. Hay actores que llegan a un *casting* y tienen la escena estudiada de cierta manera, pero a la hora de recibir una instrucción, les queda difícil asimilar y llevarla a cabo porque llegan muy estructurados con una manera de sentir y de decir la escena. Lo mejor es aprender bien tu texto y dejarte llevar por la emoción que te vaya dando en el momento. "¿Cómo estás?". Siempre se escribe igual, pero nunca se dice igual. Si estás enojado, tu tono será diferente al igual que si estás feliz o triste.
2. Saberte la letra.
3. Tener claro el personaje.

ANILÚ PARDO: DIRECTORA DE CASTING

1. Conocer al personaje, encontrar el objetivo de la escena; no solo memorizar las líneas.
2. Ensayar, encontrar las particularidades que puede sumar al personaje para hacer una propuesta real, genuina y única.
3. Prestarse para cambiar todo si así te lo solicitan.

B.2 COSAS QUE LES MOLESTA Y QUE NO PERDONAN LOS DIRECTORES DE CASTING

ANA VEGA:

1. Que lleguen sin haberse aprendido la escena.
2. Que sean impuntuales.

SANDRA LEÓN BECKER:

1. Que me digan que "sienten" que no dan el perfil para el personaje.
2. Que no lleguen a su cita de *casting*.

JUAN PABLO RINCÓN:

1. La intensidad del artista, el acoso al director, exigiendo respuestas y explicaciones constantemente.
2. La impuntualidad y la falta de mística.

MERCEDES GIRONELLA:

1. Que el actor no confíe en uno como director; que no traiga la escena perfectamente bien memorizada, y que mienta (que diga que canta y no sepa cantar, que habla inglés y que no hable).

2. Que el actor no admita indicaciones. Que piense que su interpretación es la única, y es genial. Cuando veo a alguien así, mejor no insisto.

JESSICA CALDRELLO:

1. Llegar a un casting y no recordar el personaje para el que viene
2. Escenas no aprendidas

ANILÚ PARDO:

1. Llegar mal preparado
2. No escuchar indicaciones

C. LOS EXPERTOS HABLAN DEL HEADSHOT Y EL DEMO

ANA VEGA

Yo prefiero definitivamente el *casting*, pero si hay que valorar a un actor entonces es con el *demo* para poder ver su nivel actoral.

ISABEL CORTÁZAR

Los *demos*, yo personalmente no los uso, porque necesito saber si el actor logra llegar emotivamente al punto que yo necesito, en cuánto tiempo llega y cómo lo hace.

El *headshot* no importa si es blanco y negro, o a color, lo importante es que se vea la cara del actor no demasiado producida, sin que sea de mentira, y que coincida con la persona que cito a *casting*. Me molesta que muchas veces llegan y no se parecen. Yo recomiendo fotos con sonrisa, me resulta más fácil venderlos.

SANDRA LEÓN BECKER

Los *headshots* me gustan lo más reales posible, sin retoques, y que reflejen lo que el actor es en realidad. Sobre el *demo*, prefiero que no dure más de cinco minutos y que contenga escenas donde salga el actor en primer plano, con trabajos recientes.

JUAN PABLO RINCÓN

Un actor sin buen *headshots* no existe. El demo es muy importante para mí. No debe demorar más de tres minutos. Es la mejor manera de ver el proceso de un actor.

MERCEDES GIRONELLA

Los *headshots*, para mí, deben ser muy naturales, **close ups** sin sentirse modelos, con ojos abiertos, que me permitan ver su rostro, sus arrugas, su belleza, de una manera neutral y genuina. El demo, que sea cortito y ágil, pero que me permita ver el rango del artista.

CONSEJOS PARA EL ACTOR EMERGENTE

ANA VEGA

Nunca dejar de prepararse, no tenerle miedo al fracaso, si no sale de una manera volver a intentarlo de otra, pero no rendirse. Siempre existirán los nervios, pero eso enriquece al actor para poder salir adelante. Buscar ser el mejor actor y no la fama, y nunca perder la humildad. Eso los hace grandes.

ISABEL CORTÁZAR

Al actor emergente le diría: disciplínate muchísimo, sé hambriento, estudia, enséñame tu pasión. Hazme saber que no quieres ser famoso, sino que quieres ser actor. A mí, la gente que quiere ser famosa me estorba. Yo lo que quiero son actores, y eso se logra con la autodisciplina de querer más, esforzarse y salir de sus zonas de confort.

JUAN PABLO RINCÓN

Estudia, prepárate, sé disciplinado. Da siempre más de lo que tienes. No quieras ser actor o actriz para alimentar tu ego o por ser famoso.

MERCEDES GIRONELLA

Al aspirante a actor o a actriz, le recomiendo mucha paciencia, mucho trabajo y disciplina. Esta es una carrera de resistencia, no de velocidad. También aprende inglés y organiza bien tu agenda de trabajo. No tienes por qué decir que sí a todos los trabajos, por muy principiante que seas.

VERDAD #9
TRABAJEMOS TUS *LOOKS*

Explora, experimenta, no te conformes con lo que te dicen sobre tus *looks*. Si toda la vida te han dicho que eres del montón, intenta actuar y aparentar como que eres una miss o un verdadero galán. Si toda la vida te han dicho que eres bellísima, intenta jugar a "la chica de la puerta de al lado". Te podrías sorprender de lo que logras al salir de tu zona de confort en cuestiones de *looks*. Juega con ropa y complementos a gordo, flaco, alto, bajo, feo, guapo... y hazte fotos intentando encarnar este abanico de posibilidades. Conoce todas tus facetas y estudia hasta dónde puedes domar tu físico y qué tan camaleónico o camaleónica eres.

VERDAD #10
AUTOESTIMA Y EGOS
EJERCICIO "MI LISTA –TU LISTA"

Vamos a trabajar nuestros egos, autoestima y demás asuntos que nos pueden hacer triunfar o tropezar con la misma facilidad.

1. Piensa quiénes son tus personas más cercanas y elige a tres.
2. Llama a esas tres personas y pídeles que te envíen por texto tres de tus virtudes y tres de tus defectos. ¡Sin temor!
3. Pregúntales que puntúen tu autoestima del 1 al 10 (siendo 5 la más balanceada).
4. Escribe tú mismo tu propia lista de virtudes y tu propia lista de defectos. Después, en vista de esas dos listas, asígnale un número a tu autoestima.
5. Luego compara lo que cada uno dice en sus textos con las listas que tú confeccionaste y observa en lo que coinciden o discrepan. Fíjate también cuánto te alejas o te acercas tú de esa percepción que los demás tienen de ti. Si los tres amigos dicen que eres codo, ¡lo más seguro es que lo seas! Si los tres dicen que eres paciente, lo más seguro es que lo seas. Si los tres te puntúan por debajo del 5, lo más seguro es que padezcas de baja autoestima y la tengas que trabajar un poquito.

Lee con amor y humildad todo lo que te envíen para este ejercicio y no dejes que el ego te coma y la autoestima te ciegue.

DIARIO DE PROYECCIONES:

Este es otro ejercicio que no es fácil, pero es útil. Haz un recuento de cómo tratas a todos en un día normal de trabajo (no importa donde estés trabajando ahorita: en un set, en un restaurante, en una oficina o en tu Uber). Simplemente repasa y medita: cómo reaccionaste hoy a los diferentes obstáculos, cómo reaccionaste con tus seres queridos o compañeros. Escríbelo en un papel y señala con un marcador aquellas partes o conflictos que pudieras haber mejorado o resuelto con un simple cambio de actitud por tu parte.

Recuerda que la manera en la que tú reaccionas ante los que te rodean es simplemente un espejo donde estás proyectando cómo te sientes por dentro: con autoestima altísima y ego tan aplastante que quita el oxígeno a tu alrededor, o con autoestima tan baja que todo lo conviertes en fracaso y llanto a tu paso.

VERDAD #11
TU DEMO REEL

Obviamente que en este *workout* te voy a poner a editar tu primer *demo reel* (o a reeditar el que ya tienes). Para este ejercicio no vas a necesitar papel, sino tu computadora y muchas ganas. Me encantaría que luego me lo enviaras por medio de mis redes sociales. Intentaré ver todos los que pueda y contestarte con mi humilde opinión. Pide igualmente la opinión de otros profesionales de la industria.

VERDAD #12
TE PAGAN POR ESPERAR

Ya revisamos detenidamente lo que es el *mission statement* del actor. Nos quedó claro que es una carrera de resistencia y no de velocidad. Pues así mismo te tienes que tomar el rollo de los *castings* y los llamados: ¡con *take it easy*! Aplícate un *gel* de paciencia después del baño y haz exactamente lo que nos recomendó mi amigo Raúl Méndez. Aprovecha tu tiempo, aprende a leer entre líneas cada una de las escenas que te dan. Como el Código Da Vinci, aprende a descifrar las claves que harán sentir a tu personaje cuando entres a escena y vibrar en público cuando te vea en directo o a través de la pantalla.

Quiero que me respondas estas cuatro preguntas:

1. ¿Eres de los desesperados o de los pacientes que fluyen con el día de su llamado?
2. ¿Sabes aprovechar el tiempo de espera en el camper o el camerino? Mencióname tres cosas que haces en esas horas.
3. Ya sé que eres actor/actriz y ya dijimos que ustedes deben ser "el eterno estudiante". Entonces, ¿qué tres actividades, cursos, clases, deportes o aptitudes perfeccionas cada semana?
4. Por último, ¿qué idioma estás aprendiendo y cuántos libros lees al mes?

Con estas respuestas honestas, podrás hacer el cálculo estimado y perfecto para saber de qué madera está hecho. Ojo, sé honesto al escribir tus respuestas, porque te recuerdo que este ejercicio se trata de convertirnos en nuestra mejor versión.

VERDAD # 13
REDES SOCIALES

Esta noche, antes de irte a dormir, tu tarea será revisar tus redes sociales y hacer una pequeña limpia. Archiva al menos 5 fotos o videos que consideres que no son lo mejor de ti. Luego, apunta 5 cosas que le faltan a tu Instagram o Facebook para alcanzar esa variedad de la que platicamos. ¿Tal vez necesitas poner más *posts* de trabajo? ¿O más fotos sonriendo? ¿O más imágenes de cuerpo completo? Tú puedes ser tu mejor juez y jurado y tu mejor *community manager*. Recuerda que eres el editor de tu propia revista y que las redes manejadas directamente por los artistas son las que más triunfan. Lo real es lo que más vende en el mundo *online*.

VERDAD #14
AHORRAR

Ya te explicó mi querido Roberto Palazuelos que hay que tener los pies bien plantados en la tierra y que absolutamente no se pueden poner todos los huevos en una misma canasta. Te comenté que él es un erudito que se ha formado observando y escuchando. Hizo su nombre como actor, pero se formó en leyes y es un genio en las finanzas, pequeño detalle que lo convirtió en un exitoso empresario hotelero.

Dicho esto, y dejando a un lado los problemas de ego y autoestima no le tengas miedo al trabajo o a que te vean o reconozcan cuando estés repartiendo comida en *Uber eats* por Hollywood Boulevard. Créeme que muchos lo siguen haciendo.

Termina esa carrera que empezaste y que te pidieron tus padres para apoyarte en tu sueño. Enfócate en tus metas y comienza a ahorrar desde ahora. Ya podrás ser espléndido con quien quieras cuando tu nombre se convierta en autógrafo. Agárrate a tu primer trabajo, ocúpate de hacer el *networking* adecuado y recuerda que este negocio es de relaciones y apegos. Cultiva la gente y que se conviertan ellos en tus mejores vendedores.

Ahora sí, es momento de que hagas memoria y anotes. ¡Eyyy! ¡No te mientas!

1. ¿Cuántos trabajos has tenido desde que saliste de tu casa? Enuméralos y dime qué aprendiste de cada uno para mejorar tus interpretaciones como actor/actriz.
2. ¿Cuándo fue la última vez que te tocó dormir en el piso o en un *sleeping bag*? Esto te estimulará a trabajar duro para comprarte el colchón de tus sueños. ¿Eres un buen *roomie*? ¿Eres limpio y organizado? ¿Qué podrías mejorar?
3. Después de leer mi verdad, ¿cuántas canastas tienes tú? ¿Estudias alguna materia? ¿Deseas iniciar un negocio alterno con algún cuate? ¿Eres un gran pintor? ¿Puedes dar clases de baile, de inglés, de Tai chi o de nada? Explora tus dones, y recuerda que por el buen uso de nuestros dones aquí en la Tierra, Diosito nos verá con mejores ojos.
4. Dime algo, ¿has ahorrado alguna vez? ¿Al menos tienes una cuenta de ahorros o guardas tus pesos bajo tu cama? Si haces el hábito, cada año tendrás un dinerito guardado para comprar regalos o tal vez tomar una vacación. Intenta ahorrar 10 dólares diarios y cada año tu cuenta tendrá $3650.00. Suena chido, ¿no? Si lo haces, búscame y me invitas un café, ¿va? Nos vemos pronto.

ACERCA DEL AUTOR

Bautizado por los medios internacionales como el **Star Maker**, **Joe Bonilla** ha sido parte primordial en el éxito de las carreras artísticas de **Enrique Iglesias, Roselyn Sánchez, Ricky Martin, Shakira, Adamari López, Charytín, Thalía**, y las presentadoras **Giselle Blondet** y **María Celeste Arrarás**, entre otros.

Bonilla inició su carrera como fotoperiodista en su natal Puerto Rico hasta llegar a ocupar cargos decisivos en el mundo de las relaciones públicas y manejo de artistas en diferentes países.

De cofundador de la revista **Imagen** y **TVyNovelas Puerto Rico**, emigró a México donde se convirtió en el coeditor más joven para las principales publicaciones de la empresa Televisa. Pronto ocupó cargos en el desarrollo y lanzamiento de otras revistas internacionales como **Marie Claire, Elle y Furia Musical**, participando activamente en el *boom* de la música grupera. Durante esos años, Bonilla también ejerció como corresponsal oficial de **Telehit**, y coordinador de talentos del programa de horario estelar de **Televisa** "Al Fin de Semana".

Tras su éxito en el mundo editorial, Bonilla fundó RightXposure, su propia agencia de marketing estratégico para el mundo del entretenimiento, contando con clientes como **Ricky Martin, Emilio y Gloria Estefan, y Jon Secada.** Fue en esta época donde Joe inicia su *crossover* a agente artístico y le abre las puertas de México y Latinoamérica a **Carlos Ponce, Fernando Carrillo, Adamari López, Julián Gil y Luis Roberto Guzmán,** entre muchos otros.

En su trayectoria de publirrelacionista, Joe continuó trabajando con artistas de la talla de **Thalía y Shakira,** por lo cual Bonilla se mudó a Miami para fundar la división latina de **Estefan Enterprises.** Durante esta etapa, Joe trabajó directamente con **Alejandro Fernández, Carlos Vives, Celia Cruz y Julio Iglesias** en numerosas campañas y proyectos. Sus valiosas conexiones fueron clave para la realización de grandes eventos como **Latin American Idol** y conciertos exitosos de alfombra roja, donde representó a talentos como Juanes, Maná, Bosé y otros más.

Tras formar parte activa de este *boom* de la música latina en Estados Unidos, Joe decidió crear Crossover Agency, la cual se convirtió en la actual **Latinvasion Agency.** A través de Latinvasion, Joe lleva veinte años posicionando al talento hispano en las principales producciones internacionales de **Netflix, Lifetime, Disney, Nickelodeon, Televisa, ABC, Univisión, Telemundo, Telefe, Argos Televisión, RCN, Blim, Amazon y Apple.**

Sus artistas han trabajado en proyectos como "El Señor de los Cielos", "Señora Acero", "Celia", "Hasta que te Conocí", "César", "Narcos", "Sense 8", "Devious Maids",

"Vino el Amor", "Despertar Contigo", "Club de Cuervos", "La Esclava Blanca", "ControlZ", "Quién mató a Sara" y "Cecilia". Entre los actores y actrices con los que Joe Bonilla ha trabajado en los últimos años se encuentran: Carmen Aub, Jeimy Osorio, Isabel Burr, Marlene Favela, Gimena Gómez, Modesto Lacén, Mauricio Henao, Claudio Lafarga, Juan Vidal, Raúl Coronado, Omar Germenos, Mara Cuevas, Gloria Peralta y Mario Loira.

Actualmente Bonilla reside en Los Ángeles y Ciudad de México, desde donde ha decidido compartir con las nuevas generaciones los valiosos conocimientos adquiridos en casi tres décadas de dedicación y pasión por el mundo artístico.

COMENTARIOS SOBRE
#JOEQUIEROSERARTISTA

"Estas verdades, salpicadas de anécdotas, te van a pavimentar un camino que no es fácil, pero que Joe con su claridad, sabiduría y experiencia hará que lo recorras con éxito. El mismo éxito que lo ha llevado a él de la mano para recorrer el suyo".

Luz María Doria

"Si hay alguien que puede darte consejos y guiarte para que puedas entrar en este negocio y además tener éxito es mi querido Joe Bonilla. Yo he visto cómo él literalmente encuentra una aguja en un pajar. Joe tiene la clave, los trucos, las herramientas y conocimientos para lograr el éxito".

Giselle Blondet

"Joe siempre ha tenido un ojo clínico para identificar el talento y, más importante aún, para desarrollarlo. Él sabe, mejor que nadie, cómo manejar el mundo de la farándula y la fama, y cómo hacer brillar a las estrellas a base de puro enfoque y disciplina".

María Celeste Arrarás
Escritora y periodista CNN Español

"Ser actor/ actriz no es una carrera de velocidad, sino un maratón que te permite averiguar de qué estás hecho. Este libro de Joe retrata la verdadera experiencia sobre este medio y la lucha diaria que hay que llevar a cabo para sobresalir y permanecer en él".

Fernanda Castillo
Artista

"La mano de alguien sabio como Joe es indispensable para enfocarnos y orientarnos hacia donde soñamos llegar".

Charityn
Artista

"Definitivamente si Joe Bonilla no hubiese intervenido en mi vida, el rumbo habría sido otro".

Luis Roberto Guzmán
Actor

"Si bien que no hay ninguna fórmula mágica, estoy seguro de que este manual de mi estimado Joe los ayudará. Así como ayudará siempre apasionarte y amar lo que haces".

Emmanuel Orenday
Actor

"Creo muy valioso que Joe haya plasmado sus experiencias y conocimientos en este libro. Sin duda ayudará a dar luz a este camino sinuoso que cada artista tiene que recorrer hasta alcanzar el éxito".

Jesús López
Chairman/CEO Universal Music Latin America &
Iberian Peninsula

"El mundo del arte es de pasión, conexiones, relaciones, respeto ganado a pulso, conocimiento, táctica y aplicación de lo aprendido a través de la experiencia...y Joe es un rey de todas esas características. Leer esta pila de conocimientos en forma anecdótica ahorrará muchos senderos equivocados en los que todos caemos, ya que no hay leyes escritas...y Joe Bonilla nos facilita el camino, sin duda".

Gabriel Abaroa – Presidente y CEO
Latin Academy of Recording Arts & Sciences (LARA)

"La experiencia y sabiduría que Joe comparte en este libro es de un valor incalculable. Ya muchas estrellas hubiesen querido contar con este cúmulo de consejos, compilados de manera tan clara y honesta, cuando comenzaban sus carreras. La prueba es que quienes contaron con la guía de Joe durante su trayectoria, y la valoraron y aprovecharon, son en la actualidad artistas de renombre internacional. Joe no vende ilusiones y eso es vital para quien quiera triunfar en el mundo del espectáculo".

Eliezer Ríos Camacho
Editor de Entretenimiento y Cultura,
El Nuevo Día, Puerto Rico

"#SuperJoe te hipnotizará con sus aventuras y buenos consejos. Así es que toma una copa del espumoso que prefieras [o come helados con papas fritas] y entra a la magia del "Star Maker" más famoso de Latinoamérica, Joe Bonilla".

Josema Hernández
Productor Ejecutivo, Creative Media Group

"Me hubiera encantado y servido de tanto haber tenido hace 23 años en mis manos un libro tal cual plasmado por Joe Bonilla. Este manual sirve de guía, de inspiración, de mapa para cualquier joven que quiera adentrarse en este universo delicioso del arte".

Roselyn Sánchez

TRAYECTORIA **EN FOTOS**

Joe con su papá y su mamá

Joe cuando era niño

Emilio y Gloria Estefan, los mejores anfitriones en Broadway, durante el estreno de la obra de Gloria "On Your Feet!"

En mi viejo San Juan

My dear Ricky...Una imagen dice más que mil palabras. (Foto por Daniela Vesco)

¡Qué momentos! Aquí se destacan Gloria y Emilio Estefan; Selena; Cristina Saralegui y Ernesto La Guardia; el ícono de la actuación, Lucía Méndez; Lili Estefan y Thalía; y Antonio Banderas.

Ángeles incondicionales en mi vida: María Celeste Arrarás, Wanda Montes, Omar Cruz y Marco Peña.

Meet Gimena Gómez

Con Rebecca de Alba, Carmen Jovet, Ricky Martin y Ángelo Medina

¡El honor ha sido mío!

Cocinar es mi pasión

Backstage con Enrique Iglesias.

Rock & roll: Rodrigo Guirao, Scarlet Gruber y Mauricio Henao.

Cuba, Argentina, México, Puerto Rico y España ¡todos juntos ya!

Mis inicios como fotógrafo: Iris Chacón y Charytín

Con Emmanuel Orenday

Susana Giménez

Un aparte con James Hyde

Mi perrita Chimi